KB272919

의원내각제 채택의 필요성

의원내각제 채택의 필요성

정치학 박사 **나필열** 지음

KSI 한국학술정보㈜

할아버님, 할머님 영전에 이 작은 책을 바칩니다.

후진국일수록 정치가 국가발전과 국민생활에 미치는 영향은 더욱 더 크다. 지난 반세기 동안 우리는 수많은 역경(逆境) 속에서 급격한 산업화(産業化)를 이룩하고 눈부신 경제발전을 거듭함으로써 민족중흥(民族中興)의 위업을 성공적으로 달성했을 뿐만 아니라, 우리 역사상 처음으로 이 땅에 민주주의를 정착시킴으로써 민주한국(民主韓國)을 창조해 냈다. 우리는 분단된 신생국으로서 짧은 기간 동안에 산업화와 민주화라는 두 개의 험준하고 높은 산을 성공적으로 넘은 것이다. 이러한 한국의 혁혁한 성공 사례는 전 세계를 깜짝 놀라게 했으며 한국은 이제 모든 후진국들을 위한 국가발전(國家發展) 모델로 각광을 받게 됐다. 이것은 한국의 정치가 해방 후 지금까지 많은 우여곡절(迂餘曲折)을 겪으면서도 국민을 위하여 대체로 효자(孝子)노릇을 했다는 것을 말해준다.

우리의 눈부신 성공은 우리 국민의 자부심(自負心)을 크게 고양시켰으며, 그 결과 우리는 한국도 선진국의 반열(班列)에 오를 수 있다는 꿈을 꿀 수 있게 됐다. 분명히, 선진화(先進化)는 산업화와 민주화에 이어 지금부터 우리가 이룩해야 할 세 번째의 시대적 과제이며 도전이다. 그러나 '선진화'라는 산은 산업화나 민주화보다도 더 높고 정복하기 어려운 산이다. 빈곤에 허덕이는 국민에게 산업화는 구세주가 되고, 자유를 갈망하는 국민에게 민주화는 단비가 되지만, 이제 풍요 속에서 자유를 누리는 한국국민에게 선진화는 한낱 허영이며 국가적 광영에 불과할 것이다. 빵과 자유를 위하여 생명을 바쳐 투쟁하는 사람은 많아도 허영과 광영을 위하여 자기희생을 감수하는 사람은 적다. 선진화문제는 인간의 인간다운 생존과는 무관한 문제로서 절박감(切迫感)을 주지 않는다. 선진화의 어려움은 바로 여기에 있다. 이웃 일본에 뒤이어 한국이 과연 동양의 선진국으로 발돋움할 수 있을 것인가? 우리 민족의 지혜와 역량이 역사적 시험대(試驗臺)에 오르고 있다.

우리가 나라의 권력구조(權力構造)를 중시(重視)해야 하는 이유는 그것이 정부의 생산성을 크게 좌우하고 나라의 발전을 가속화(加速化) 혹은 저해(沮害)할 수 있는 중요한 요인(要因)이 되기 때문이다. 한국의 급속한 산업화 및 근대화가 권력의 통합(統合)을 가능하게 해준 우리의 독특한 대통령제(大統領制) 권력구조(제3공화국) 속에서 이루어졌다는 사실은 우연이 아니다. 이 점은 우리가 특별히 유념해야 할 점이다. 우리는 통합된 정치권력 속에서 "한강의 기적"을 이룩하고 그 바탕 위에 민주주의를 정착시킬 수 있었던 것이다.

그러나 한국사회가 점차 민주화됨에 따라서 한국 초기의 독특한 대통령제는 그 역사적 소임(所任)을 다하고 자취를 감추었으며, 이제 견제(牽制)와 균형(均衡)의 원칙에 기반을 둔 전형적인 미국식 대통령제 정치가 한국에서 현실화되고 있다. 비록 이름이 같은 대통령제이지만 초기 한국의 대통령제와 지금의 대통령제는 각각 다른 철학과 원칙에 기초하고 있음으로써 그 둘은 서로 근본적으로 다른 권력구조이다. 전자가 권력통합의 원칙에 입각하여 정부의 생산성(生産性)을 최우선 목표로 한 권력구조라면 후자는 권력분립(權力分立) 및 견제균형의 원칙에 입각하여 전제정치(專制政治)의 방지에 그 주된 목표를 둔 권력구조이다.

문제는 전제정치의 방지를 주 목적으로 하는 견제와 균형의 정치체제가 현대국가사회를 운영함에 있어서 심각한 문제를 내포(內包)하고 있으며, 그로 인하여 과거에는 볼 수 없었던 새로운 문제들이 발생하고 있다는 데 있다. 그리고 그 새로운 문제들은 대통령제 권력구조 그 자체와 불가분(不可分)의 관계에 있는 문제들로서 대통령제 권력구조의 테두리 안에서는 해결될 수 없는 문제라는데 그 문제의 심각성(深刻性)이 있다.

필자는 이 글을 통하여 한국의 대통령제가 현재 당면하고 있는 문제의 본질(本質)과 성격(性格)을 상세히 설명하고, 앞으로 우리가 지속적인 국가발전을 도모하고 한국정치의 선진화, 나아가 한국의 선진화라는 역사적 위업을 성공적으로 완수하기 위해서는 견제와 균형의 원리에 입각하는 대통령제를 포기하고 권력융합(勸力融合)의 원리에 기초하는 의원내각제(議院內閣制)를 채택하는 것이 최선(最善)임을 밝히고자 한다.

이 작은 글이 우리가 당면하고 있는 권력구조문제의 심각성을 밝히고, 의원내각제채택의 필요성에 대한 올바른 국민적 이해를 조금이라도 도울 수 있으며, 한국정치인들과 정치학도들을 위한 유익한 참고자료가 된다면 필자에게 그보다 더한 보람은 없을 것이다.

독자 여러분의 건승을 빌며,
2009년 아침,
저자

목차

01 서 론

지난 반세기 동안에 우리는 급격한 산업화를 이룩하여 유사 이래 처음으로 이 땅에서 절대빈곤(絕對貧困)을 몰아내고 이른바 '한강의 기적'을 창출해 냈을 뿐만 아니라, 마침내 민주주의의 꽃을 피워냄으로써 세계를 깜짝 놀라게 했다. 전 세계를 통하여 신생 발전도상 국가(新生 發展途上 國家)로서 그렇게 짧은 기간 동안에 경제발전과 민주주의라는 두 마리 토끼를 한꺼번에 잡은 사례는 찾아보기 힘들 것이다.

한국이 급속히 산업화되고 근대화됨에 따라 우리의 자신감(自信感)과 자긍심(自矜心)은 고양되고 우리의 꿈은 더욱더 커졌으며 한국도 불원간 선진국의 반열(班列)에 오를 수 있다는 희망과 기대는 우리의 마음을 설레게 하고 있다. 이는 그 자체로서 참으로 감격스런 일이며 이 모든 것이 대통령제 정치체제 속에서 이루어졌다는 사실은 중요한 의미를 지닌다. 돌이켜 생각건대, 한국 특유의 대통령제 권력구조가 아니었더라면 지금의 한국은 불가능했을지도 모른다.

우리는 우리 특유의 대통령제하에서 산업화를 이룩했으며 산업화는 이 땅에 사회혁명(社會革命)을 가져왔다. 여기서 혁명이란 근본적 사회변화(根本的 社會變化)를 뜻한다. 혁명의 본질은 폭력이 아니라 근본적이며 완전한 변화이다. 그러므로 폭력적 정치변동이 반드시 사회혁명으로 이어지는 것은 아니며 폭력 없이도 근본적 사회변화, 즉 혁명은 가능한 것이다. 산업화의 결과로 한국의 사회구조(社會構造)는 물론 한국인의 의식구조(意識構造)까지도 근본적으로 변했다. 산업화와 함께 수천 년 동안 지속되어 온 전통적 농업사회는 이 땅에서 영원히 사라지게 되고 근대적 산업사회가 등장한 것이다. 즉 과거 수천 년 동안 우리 사회의 주역(主役)이었던 농민의 수는 급격히 감소되었으며 그 존재가 미미했던 중산층(中産層)과 근로계층(勤勞階層)이 새 한국의 새 주역(主役)으로 등단하게 됐다. 이는 분명히 우리 역사상 처음 있는 사회구조상의 혁명적 변화이다.

한국의 산업화 및 근대화가 가져온 더욱더 근본적인 변화는 그것이 우리의 의식구조를 바꾸어 놓았다는 사실이다. 권력과 권위에 대한 무조건적 복종과 추종을 미덕(美德)으로 삼은 한국인의 전근대적 신민의식(臣民意識)은 완전히 자취를 감추게 되고 그 대신 민주적 시민의식(市民意識)이 확고히 자리 잡게 됐다. 즉 한국에는 이제 자유(自由), 평등(平等), 인권(人權), 복지(福祉), 그리고 사회정의(社會正義)와 같은 민주적 개념들이 새 질서(秩序)의 정신적

초석(精神的 礎石)이 된 것이다. 그리고 한국 사회가 근대화되고 민주화됨에 따라 이해(利害)와 뜻을 함께하는 사람들이 모여 이익집약(利益集約)과 이익표명(利益表明)을 자유롭고 활발하게 할 수 있게 되었으며, 각양각색의 시민단체들의 목소리는 나날이 커지고 있다. 분명코 이러한 사회적 변화는 진정한 의미에서 사회혁명이며 새 한국의 탄생을 의미한다.

그러나 산업화는 야누스(Janus, 로마의 兩面 神)처럼 두 얼굴을 보여준다. 산업화는 한편 우리가 당면한 많은 문제들을 해결해 주고 우리로 하여금 한국의 미래에 대한 큰 희망과 기대를 갖게 하여 주지만, 다른 한편 많은 어려운 문제들을 새로이 발생시킴으로써 우리에게 새로운 도전(挑戰, challenge)과 시련(試鍊, trial)을 안겨주고 있다. 즉 산업화는 이 땅에서 절대빈곤을 퇴치하고 우리에게 물질적 풍요(豊饒)를 가져왔지만, 동시에 부(富)의 편재(偏在)로 인한 상대빈곤(相對貧困) 문제와 경기(景氣)의 기복(起伏)에 기인하는 생활불안정 문제(生活不安定問題)도 가져왔다. 산업화가 몰고 온 인구의 도시집중 현상과 자동차의 대중화는 심각한 대기오염 문제를 야기하고 도시교통의 극심한 혼잡을 가져왔으며, 산업화의 결과로 생성된 대도시(大都市)들은 각종 사회악(社會惡)의 온상이 되고 있다. 또한 자주 발생하는 노사(勞使) 간의 격렬한 분규(紛糾)와 농산물시장개방으로 인하여 생활에 위협을 느끼는 농민들의 고난(苦難)은 우리 모두에게 큰 고통과 고민을 안겨준다. 근대화와 함께 전통적 대가족제도(大家族制度)가 와해되어 핵가족화(核家族化)되고, 한국 사회가 급격히 고령화시대(高齡化時代)로 접어들면서 노인의 복지 문제는 국가가 해결해야 할 중요한 과제가 되었다. 산업화의 결과로 환경오염은 극심하게 되고, 자연은 회복할 수 없을 정도로 훼손되었으며, 생태계(生態界)는 근본적으로 변하고, 온난화(溫暖化)로 인한 기후의 변동은 인류의 생존을 위협하고 있다. 이 밖에도 산업화의 여파로 발생하는 직접, 간접의 폐해와 문제는 헤아릴 수 없을 정도로 많고 심각하다. 실로 새 한국의 탄생은 우리에게 새로운 희망과 기대를 가져다주는 반면 새로운 시련과 도전을 함께 안겨주고 있는 것이다.

시대의 변천과 함께 정부가 해야 할 일은 급격히 증가하고 정부에 대한 국민의 기대와 요구 또한 나날이 증폭(增幅)되고 있는 이때에 한국의 대통령제 정부는 과거에 그랬듯이 새 시대의 새로운 도전에도 성공적으로 대응해 나감으로써 선진조국창조(先進祖國創造)의 꿈을 이루는 역사적 대업을 완수할 수 있을 것인가? 이 물음에 대한 필자의 답은 부정적(否定的)이다.

이제 한국의 대통령제는 그 시대적 소임을 다하고 시간이 흐를수록 그 유용성(有用性)을 상실해 가고 있다. 우리는 대통령제하에서 산업화 및 근대화의 역사적 과업을 훌륭히 완수해 냈으나, 그 결과로 생성된 새 한국의 새로운 정치사회적 여건들은 대통령제의 생산성과 효율성을 점점 감소시키고 있으며 대통령제를 시대착오의 제도로 만들어 가고 있는 것이다.(여기에 우리는 변증법적(辨證法的) 사회변천의 일단(一端)을 엿볼 수 있는 듯하다.) 어찌하여 이러한 일이 발생하고 있으며, 이것이 우리에게 의미하는 것은 무엇이며, 우리는 이 문제에 대하여 어떻게 대처해야 하는가? 이 글의 주된 목적은 이러한 질문에 대한 답을 구하는 데 있다.

사회의 변천은 필연적으로 제도의 변화를 수반한다. 작게는 가족

제도로부터 크게는 정치제도에 이르기까지 모든 중요한 제도적 변화는 인간이성(人間理性)의 창조물(創造物)이라기보다는 사회변천의 결과라고 보는 것이 더욱 타당하다. 새 술이 새 부대(負袋)를 필요로 하듯이 새로운 사회는 새로운 제도를 요구한다. 지난 반세기 동안에 우리의 사회는 근본적으로 변했지만 우리는 아직도 우리의 정치제도에 대한 심도(深度) 있는 재검토를 하지 않고 있다. 미국의 제3대 대통령이었으며 인류가 낳은 탁월한 지성인(知性人)의 하나인 토머스 제퍼슨(Thomas Jefferson, 1743 − 1826)은 세대가 바뀔 때마다 헌법을 다시 검토하고, 필요하다면 고쳐야 한다고 말했다. 이 말은 시대가 변천함에 따라 정치제도의 개혁이 필요하게 된다는 뜻이다. 우리는 바야흐로 제퍼슨의 이 말을 깊이 새겨야 할 때를 맞이했다고 본다.

02 권력구조(權力構造) 문제와 정치발전(政治發展) 문제

이 글에서 <권력구조>라는 말은 좁은 의미로 사용된다. 여기서 권력구조는 나라를 통치함에 있어서 필요로 하는 기본적인 제도적 틀 즉 정부형태(政府形態, forms of government)를 말한다. 나라를 통치하기 위해서는 정책을 수립해야하고 정책은 일정한 과정(過程, process)을 거쳐서 만들어진다. 권력구조 혹은 정부형태는 그 과정을 그려 놓은 기본 틀이라 할 수 있다. 그럼으로 권력구조는 나라의 기본법인 헌법이 정하는 정책결정과정(政策決定過程)에 관한 것이 된다. 필자는 이 글에서 나라의 정책 산출과정(政策産出過程), 특히 입법부와 집행부 사이의 관계를 그 주제로 한다. 그럼으로 이익단체, 시민단체, 언론 등은 모든 민주국가의 정치과정(政治過程, political process)에 있어서 대단히 중요한 역할을 하지만 이 글의 핵심 관심사는 아니다.

우리가 나라의 권력구조문제를 중시해야 하는 이유는 어떠한 권력구조를 채택하느냐에 따라 정부의 생산성이 크게 달라질 수 있기 때문이다. 즉 나라의 권력구조는 정부의 성능(性能, performance)을 가늠하는 관건(關鍵)이 된다. 살림을 어떻게 하느냐에 따라 한 가정의 장래가 좌우될 수 있으며, 운영을 어떻게 하느냐에 한 회사의 미래가 달려 있을 수 있듯이, 국가의 정책을 어떠한 과정을 거쳐서 산출하느냐에 따라 정부의 성능, 나아가 그 나라의 미래가 크게 달라질 수 있다.

따라서 현대국가의 권력구조를 고안(考案)함에 있어서 가장 중요하게 고려해야 할 점은 정부의 효율성문제(效率性問題)이다. 그리고 정부의 효율성문제는 곧 나라의 정치발전(政治發展, political development)문제가 된다. 정치발전이 정부의 효율성의 향상을 그 주 내용으로 하기 때문이다. [1] 원래 <발전> 혹은 <발달>이란 개념은 목적론(目的論)적 개념으로서 목적달성을 위한 수단(手段) 혹은 방법(方法)의 효율성의 향상을 일컫는 말이다. 과학, 기술의 발달, 교통, 통신의 발달, 의학의 발전, 교육의 발전, 이 모두가 각각 당해 분야에 있어서의 보다 효율적인 목적달성 혹은 문제해결 방법을 그 내용으로 하듯이, 정치발전은 어떻게 하면 정부가 보다 효율적으로 국가적 목적들을 달성하고 국가적 문제들을 해결할 수 있는가하는 것을 그 궁극목표로 한다. 그럼으로 나라의 권력구조는 결국 정부의 효율성 및 정치발전을 위한 중요한 수단으로서의 의미를 지닌다.

정부의 효율성문제는 정책결정과정(政策決定過程)의 신속성문제

---

1) A.F.K. Organski, *The Stages of Political Development*, 1965

(迅速性問題)와는 다르다. 독재체제 하에서는 정책결정과정이 비교적 단순하고 신속하지만 정부의 효율성은 대단히 낮을 수 있다. 아무리 국가의 정책을 신속하게 결정할 수 있다 할지라도 그 정책이 국민의 뜻을 반영하지 못하고 국민의 요구를 충족하지 못한다면 국민이 당면하는 문제들은 효율적으로 해소될 수 없기 때문이다.

비민주주의(非民主主意) 국가에 있어서의 권력구조는 국민의 뜻을 국정에 반영하여 국민의 필요와 욕구를 충족한다는 목적보다도 독재자의 권력유지(權力維持)를 최우선 목적으로 하여 고안되는 것이 보통이다. 그럼으로 독재정권(獨裁政權)하에서는 국민의 필요와 욕구를 국정에 충분히 반영할 수 있는 방법이 없다. 또한 권력유지(權力維持)의 절대성 때문에 왜곡(歪曲)된 정책이 채택될 가능성이 크고 "절대 권력은 결국 절대적으로 부패"하기 마련이다. 인류역사는 우리에게 독재체제가 국사를 신속하게 처리할 수는 있지만 국민의 문제들을 효율적으로 해소함에 있어서 최선의 권력구조가 아니라는 것을 보여주고 있다.

이점에서 민주화(democratization)는 진정한 정치발전의 대전제(大前提)가 된다. 진정으로 효율적인 정부는 국민의 뜻이 국정에 충분히 반영되는 민주주의 국가에서만 기대할 수 있기 때문이다. 지난 수십 년 동안 민주화(民主化)문제가 한국 정치발전과제의 초점을 이룬 것은 민주화 그 자체가 한국정치발전의 궁극 목적이기 때문이 아니라, 민주주의를 떠나서는 진정한 정치발전은 불가능하기 때문이었다. 민주주의는 정치발전의 기본초석(礎石)이 된다. 민주주의 그 자체가 정부의 높은 효율성을 보장해 주는 것은 아니지만 민주주의의 범주(範疇)를 떠나서는 효율성 있는 정부를 기대할 수 없기 때문이다. 즉 민주화는 정치발전의 필요조건(必要條件)이 된다.

지난 수 십 년 동안 우리가 민주화에 역점(力點)을 두고 국민적 노력을 경주한 것은 바로 이 때문이었다고 할 수 있다. 우리는 민주주의를 확보함으로써 한국정치발전의 기본토대(基本土臺)를 마련한 것이다. 민주화는 정치발전의 종착역(終着驛)이 아니라 시발점(始發點)이다. 지금까지는 민주화가 한국정치발전의 중요한 목표였다고 할 수 있지만 이제부터는 민주화가 한국정치발전의 토대가 되어 한국정치의 효율성향상에 이바지하게 되는 것이다.

시공간(時空間)을 초월하여 영원히 효율성을 유지하는 권력구조는 존재하지 않는다. 인간사회는 끊임없이 변천하며 시대적 요구 또한 끊임없이 변화한다. 따라서 끊임없이 변화하는 시대적 요구에 영원히 효율적으로 부응할 수 있는 제도는 없다. 제도(制度, system)는 언제나 현재(現在)를 주 안점으로 하여 창안될 수밖에 없으며, 시간이 흐름에 따라 그것은 어느새 과거의 것이 되고 만다. 따라서 인간이 창안한 모든 제도는 어느 시점에 가서 결국 도태(淘汰)될 수밖에 없는 운명에 처하게 되는 것이다. 그것이 가족제도이건, 교육제도이건, 행정제도 혹은 정치제도이건, 인간이 창안(創案)한 모든 제도는 현재(現在)의 요구에 부응하기 위하여 만들어졌으며, 시대가 변천하여 그 필요와 요구의 내용이 달라지면 그에 따라 기존제도(旣存制度)는 결국 시대착오적(時代錯誤的) 제도가 되어버리고 만다. 그리고 그 자리에는 새 시대의 요구에 부응하는 새로운 제도가 들어서게 되는 것이다. 그러므로 긴 역사적 안목에서 볼 때 영원히 효율성을 유지하는 권력구조는 존재할 수 없다.

어떠한 통치체제가 생성(生成)됐다가 이윽고 어느 시점에 이르러

역사 속으로 사라지게 되는 것은 그것이 인간의 필요와 욕구를 더 이상 충족하지 못하고 국가발전을 위한 수단으로서의 역할을 다하지 못하기 때문이다. 옛날의 권력구조였던 신정체제(神政體制)나 절대왕정체제(絶對王政體制)가 현재 지구상에서 대부분 사라진 것은 그러한 제도들이 시대의 변천에 부응(副應)할 수 없었기 때문이었다. 기능(機能, function)을 상실하는 것은 무엇이든지 결국 지상에서 사라지고 만다. 인간의 사고능력(思考能力)이 점점 발달하고 자아실현(自我實現, self-realization)을 위한 인간의 노력과 투쟁이 끊임없이 계속됨으로써 사회는 나날이 변할 수밖에 없고, 마침내 구시대(舊時代)의 통치방식은 인간의 필요와 욕구를 충족할 수 없게 되는 것이다. 지난날에는 타당성과 효율성을 지녔던 제도들이 시대가 변천함에 따라 어느새 무용지물(無用之物)로 변하는 것은 이 때문이다.

정치 및 정부의 효율성을 최대한 향상시킴으로써 국리민복(國利民福)을 최대한 증진시키는 일, 이것이 곧 권력구조문제의 핵심과제이다. 그러므로 권력구조문제는 나라의 백년대계(百年大計)를 위하여 지극히 중대한 문제로서 당리당략(黨利黨略)적 차원에서 다룰 수 없는 국가적 중요성을 지닌다. 현재 주어진 여건하에서 한국의 미래발전을 위하여 과연 어떠한 권력구조가 한국정부의 효율성을 높이고 국가발전을 도모함에 있어서 최선의 선택이 될 것인가? 이 글의 과제는 바로 이 질문에 대한 답을 찾는 데 있다.

03 대통령제(大統領制)의 속성과 근본 문제

원래 대통령제는 200여 년 전에 미국의 국부(國父)들이 처음으로 창안(創案)한 권력구조이다. 영국의 의원내각제가 수 세기에 걸친 점진적 역사발전(歷史發展)의 산물이라면 미국의 대통령제는 인간의 이성(理性)에 의하여 하루아침에 고안된 최초의 근대적(近代的) 정치제도라고 할 수 있다. 워싱턴(Washington) 장군의 기치하에 영국의 식민통치에 대항하여 힘겨운 승리를 거둔 뒤, 1787년 여름에 필라델피아(Philadelphia)에 모인 55명의 미국 국부들(55명의 남성, 그들의 대부분은 부유한 대지주, 금융가, 대상인, 해운업자, 주지사 등이었음)은 이른바 대통령제라고 하는 권력구조를 많은 진통과 고민 끝에 고안(考案)해 낸 것이다.

돌이켜 생각건대, 대통령제의 발명은 인류의 정치사상(政治史上)

커다란 획을 그은 위대한 이벤트였다고 말할 수 있다. 미국의 국부들은 당시 모방할 만한 아무런 모델(model)이 존재하지 않았던 상황에서 그들 고유의 창의성을 발휘하여 전무후무한 새로운 권력구조를 창안해 낸 것이다. 우리가 지금 대통령제의 근본 철학과 취지에 찬성하든 안 하든 간에 이 점은 우리가 높이 평가해야 한다.(당시 영국의 권력구조는 현재의 그것과는 많은 차이가 있었음. 그리고 영국의 왕정체제는 미국 국부들 거의 모두가 반대하는 입장이었음)

대통령제의 핵심 원리는 권력분립(權力分立) 및 견제균형(牽制均衡)의 원리(The Principle of Separation of Powers and Checks and Balances)로서, 입법부, 집행부, 사법부를 가능한 한 분리, 독립시키고 서로 견제시킴으로써 전제정치(專制政治)를 방지하고 개인의 자유와 권리를 최대한 보호할 수 있다는 것이다. 이것이 18세기의 프랑스 정치철학가 몽테스키외(Charles Montesquieu, 1686 – 1755)의 권력분립론(權力分立論)의 요지(要旨)이며 미국 대통령제의 이론적 기반이다. 몽테스키외에게 입법권과 집행권의 결합은 곧 전제정치를 의미했으며 개인자유의 종말(終末)을 의미했다.(*Spirit of the Laws*, 1748)

미국의 연방헌법을 고안함에 있어서 미국 국부들의 최대관심은 어떻게 하면 전제정치(專制政治)를 방지하고 연방정부로부터 개인의 자유와 주정부의 독립성을 최대한 보호하며 신장할 수 있는가 하는 문제에 쏠렸다. 따라서 그들은 가능한 한 통치권을 종횡(縱橫)으로 분산시킴으로써 전제(專制)의 가능성을 미연에 제도적으로 방지하는 데 가장 큰 역점(力點)을 둔 것이다. 당시 그들에게는 정치의 생산성(生産性)이나 정부의 효율성(效率性) 문제는 관심 밖의 일이었다.

미국의 국부들이 개인의 기본권(基本權)을 인정하고, 국민의 참정권(參政權)을 수용(受容)하였으며, 정부는 궁극적으로 국민의 뜻에 그 존재기반을 두어야 한다는 민주주의 철학에 입각하여 미국연방헌법을 고안했다는 점에서, 그들은 시대에 앞서가는 진취적인 자세를 보여주었다고 할 수 있다. 그러나 당시 미국 사회의 특권층(特權層)에 속했던 그들의 입지는 그들로 하여금 변화보다는 현상유지를, 적극적이고 능동적인 정부보다는 소극적이며 질서유지(秩序維持)에 치중하는 야경적(夜警的)인 정부를 선호(選好)하게 만들었다. 그들에게 정부의 주된 역할은 국민의 복지를 적극적으로 증진하는 일이 아니라 사회의 질서를 유지하고 개인의 자유와 권리 및 재산을 보호하는 일이었다.

그리하여 55명의 부유(富裕)한 미국의 국부들은 견제와 균형의 통치체제를 통하여 정부의 능동성(能動性)을 최소한으로 제한해야 한다는 목표에 컨센서스(consensus)를 이루고 미국연방헌법을 고안한 것이다. 그 당시 미국의 연방헌법을 창안함에 있어서 그들이 취한 그러한 기본철학은 200여 년이 지나고 국내외 여건이 근본적으로 변화한 현대에 이르기까지 그 효력을 발휘하고 있다.

미국의 국부들은 몽테스키외의 이론에 따라, 정부가 비록 국민의 뜻에 그 존립기반(存立基盤)을 둔다 할지라도, 국가의 통치권을 행사하는 입법부(立法府), 집행부(執行府), 사법부(司法府)가 제도적으로 분립하고, 서로 견제해야만 개인의 자유와 권리와 재산이 확실하게 보존될 수 있다고 믿었다. 따라서 그들은 대통령과 의회, 그리고 사법부를 가능한 한 서로 분리(分離) 및 독립(獨立)시키고 상호 견제하도록 만든 것이다. 어느 한쪽에 의한 일방적인 독주 혹은 권력의 통합은 그들에게 전제정치(專制政治)를 의미했다.

개인의 자유와 권리를 향한 그들의 열정은 권력통합에 대한 그들의 공포로 변한 것이다. 그들은 자유를 열정적으로 사랑했지만, 바로 그 자유에 기반을 둔 정부의 통치권에 대해서는 극도의 의구심(疑懼心)과 경계심(警戒心)을 가지고 대했다. 그들은 국가의 권력과 개인의 자유는 반비례(反比例)한다고 믿었으며, 따라서 그들은 개인의 자유와 권리를 최대한 신장하고 유지하기 위해서는 국가의 통치권을 최소화하는 것이 최선책이라고 생각했던 것이다.

그리하여 미국의 연방헌법 제정자(制定者)들은 제임스 매디슨(James Madison, 1751 – 1836)의 "야심은 야심으로 하여금 견제토록 만들어야 한다."(Ambition must be made to counteract ambition.)는 주장에 따라서 가능한 한 입법부, 집행부, 사법부를 서로 독립시키고, 각부로 하여금 본래의 임무만을 수행하도록 하지 않고 다른 부의 일에도 서로 관여할 수 있도록 함으로써 어느 기관도 독주(獨走)할 수 없게 만들었다. 미국의 연방헌법에 의하면 의회에서 통과한 법률안에 대하여 대통령이 거부권(拒否權, veto)을 행사할 수 있고, 의회가 예산심의결정권과 대통령에 대한 탄핵권(彈劾權)을 가지며, 대법원이 법률위헌심사권(法律違憲審査權)을 행사할 수 있다. 이러한 견제와 균형의 제도적 장치들은 미국 대통령제의 가장 중요한 핵심적 요소들이며, 그 외에도 미국의 연방헌법은 여러 가지의 면밀하고 용의주도한 상호견제장치(相互牽制裝置)를 이중삼중으로 설치하고 있다.

분명히 미국의 대통령제는 18세기의 자유주의사상(自由主義思想)을 충실히 반영하는 권력구조로서, 국가는 필요악(必要惡, necessary evil)이며 '가장 작은 정부가 가장 좋은 정부'(The least government is the best government.)라는 철학을 담은 소극국가관(消極國家觀)에 그 기초를 두고 있다. 미국의 국부들은 정부가 국민의 복지를 증진하기 위하여 능동적(能動的)으로 어떠한 역할을 할 수 있는가 하는 문제에 대하여서는 깊은 관심이 없었던 것이다.

견제와 균형 원칙의 논리적 귀결로서 미국의 대통령제는 다음 두 가지의 중요한 특성(特性)을 지닌다. 그 하나는 대통령제가 민주주의의 기초라고 할 수 있는 다수지배원칙(多數支配原則)에 대하여 중대한 제약을 가한다는 점이고, 다른 하나는 대통령제가 정당책임정치(政黨責任政治)를 거부한다는 점이다. 대통령제가 지니는 이 두 가지의 특성에 대하여 우리가 깊은 이해를 가져야 함은 대통령제의 본질을 터득함에 있어서 지극히 중요한 일이다. 그러나 우리는 오랜 세월을 통하여 이미 대통령제 정부형태(政府形態)에 익숙하게 된 나머지 대통령제가 지니고 있는 이러한 특성들을 너무나 당연시하고 그에 대하여 무감각(無感覺)하게 됐으며, 그러한 특성 때문에 발생하는 중대한 문제들을 간과무시(看過無視)하고 있는지도 모른다. 인간이 어떠한 사상(事象)에 대하여 지나치게 친숙하게 되면 그것을 있는 그대로 받아드리는 경향이 생기게 되고 그에 대한 새로운 발상이 어렵게 되는 것이다.

1) 대통령제의 2가지 특성(特性)

(1) 대통령제의 비다수결주의 요소(非多數決主義 要素)

지금으로부터 200여 년 전 미국의 국부들이 대통령제를 처음으로 창안했던 시절에는 민주주의(democracy)라는 말은 일반적으로 직접민주주의(直接民主主義)를 지칭하는 말로서 그것은 흔히 폭도들의 지배 혹은 선동정치인(煽動政治人)들의 전제정치를 일컬어 통용됐다. 따라서 당시 민주주의라는 낱말은 주로 부정적인 의미를 내포하는 것으로 이해됐다. 그래서 미국의 국부들은 미국의 연방헌법을 고안함에 있어서 민주정부(民主政府)가 아니라 공화정부(共和政府, republic)를 세운다는 자세로 임했던 것이다. 여기서 공화정부는 대의정부(代議政府, representative government)를 의미한다. 그들은 대의정치를 민주정치로부터 구별하고 민중(民衆)에 의한 지배, 즉 민주정치는 지양(止揚)되어야 한다고 믿었다. 그들의 주된 관심은 대의정부, 즉 공화국을 세워 개인의 자유와 재산을 최대한 보호하는 데 있었던 것이다.

미국 국부들의 그러한 정신적 자세는 그들로 하여금 다수독재의 가능성에 대한 견제책을 마련하는데 고심(苦心)하게 만들었으며, 이는 지금도 미국의 연방헌법 전반에 걸쳐서 중추적(中樞的)인 철학으로 나타나고 있다. 미국 권력구조의 핵심을 이루는 견제와 균형의 원칙은 소수(elites, minority)에 의한 전제와 다수(mass, majority)에 의한 전제를 동시에 방지하는 데 그 목적이 있었지만 후자에 더 큰 역점(力點)을 두었다. 그것은 시대의 변천에 따라 소수에 의한 전제 가능성은 점점 희박해지고 있었지만 다수에 의한 전제정치의 가능성은 점점 더 커지고 있었기 때문이었다.

실로, 시대가 변천하여 의사표현의 자유가 보장되고, 투표권 행사를 통한 일반대중의 정치참여가 증폭됨에 따라서 다수에 의한 전제정치의 가능성 문제는 새로이 등장하는 난해(難解)한 현실적 문제였다. 자유주의 시대가 펼쳐짐에 따라 투표를 통한 일반 국민의 정치참여는 불가피한 추세(趨勢)였으며, 일반대중의 수적(數的) 힘은 밀려오는 거대한 파도처럼 저항할 수 없는 정치적 세력으로 형성될 것이 분명해졌다. 따라서 미국 국부들의 관심은 대중의 정치적 힘을 어떻게 견제하며 다수로부터 개인 및 소수의 자유와 권리를 어떻게 보호할 것인가 하는 문제에 쏠리게 된 것이다.

때마침 대중독재(大衆獨裁)의 가능성에 대하여 경각심을 불러일으킨 사건이 발생했다. 그것은 쉐이의 반란(Shay's Rebellion)으로 알려진바, 1786년에 미국의 매사추세츠(Massachusetts) 주에서 부채(負債)와 세금에 찌든 농민들이 유질(流質)에 반항하여 떼를 지어 다니면서 폭력으로 법관들을 법정에서 끌어내고 죄수들을 감옥에서 풀어주는 등 소동을 벌인 사건이다. 그렇게 대단한 봉기는 아니었지만 미국의 국부들로 하여금 다수의 힘에 의한 폭력적 지배행위에 대하여 경각심을 자아내기에 충분했다. 그들은 제임스 매디슨의 주장대로 "군중의 열정"(passions of the multitude)에 의한 전제와 "사리(私利)만을 추구하는 붕당(朋黨)"에 의한 독재를 방지하지 않는 한 개인의 생명과 재산과 자유는 보존될 수 없다고 믿었던 것이다.

다수의 힘을 견제해야 한다는 미국 국부들의 마음은 미국의 대통령제 정치체제 속에 잘 반영되었다. 의회를 통과한 법률안에 대하여 대통령이 거부권을 행사할 수 있게 한 것은 의회 다수에 대한 가장 강력한 견제책이다. 대통령이 거부한 법률안은 사실상 회생불능(回生不能)하다. 대통령이 거부한 법률안을 법률로 만들려면 의회의 과반수보다 훨씬 더 많은 다수(3분의 2)의 지지를 필요로 하게 함으로써 소수에 의하여 쉽게 저지될 수 있도록 만든 것이다.

그리고 사법부로 하여금 법률위헌심사권(法律違憲審査權)을 보유(保有)하게 함으로써 의회를 통과하고 대통령이 공포(公布)한 법을 무효화(無效化)할 수 있게 한 것은 의회 다수와 대통령 모두에 대한 견제책으로서의 의미를 지닌다. 모든 법률안이 상하 양원(上下 兩院)을 통과하지 않으면 안 되게 한 것, 그리고 헌법개정발의(憲法改正 發議)를 상하 양원의 3분의 2 이상의 찬성으로 할 수 있게 함으로써 일반법률 개정절차보다 훨씬 더 어렵게 한 것도 소수의 입지를 강화하기 위한 중요한 제도적 장치이다. 또한 헌법개정안(憲法改正案)을 통과시키려면 미국 주정부(州政府)의 4분의 3 이상의 승인을 필요로 하게 한 것도 결국 소수의 입지를 강화함으로써 다수를 견제하자는 데 그 근본 취지가 있다.

미국의 국부들은 여기서 그치지 않았다. 그들은 선거의 시기를 각각 분산시킴으로써 국민이 대통령 및 부통령(각각 1명), 상원의원(총 100명, 각 주에서 2명), 그리고 하원의원(소선거구제, 총 435명)을 동시에 선출할 수 없게 만들었다. 대통령의 임기는 4년, 하원의 임기는 2년, 상원의 임기는 6년으로 정하고, 상원은 매 2년마다 3분의 1만을 선출하게 했다. 이와 같이 임기와 선거 시기를 각각 다르게 한 것은, 국민이 국가의 모든 주요 기관들을 동시에 선출하는 경우에 국민의 다수가 일시적인 '바람'이나 감정에 휩쓸려 한쪽으로 힘을 실어주는 상황을 가상(假想)하여, 국민의 다수에 의한 정치세력의 결집(結集)을 방지하자는 데 그 근본 취지가 있다.

인간은 본질적으로 이기적인 동물로서 우선 자신의 이해관계(利害關係)를 중심으로 하여 생각하는 것이 일반적이다. 미국의 국부들도 예외는 아니었다. 그들은 모두 부유한 사업가, 대농장주(大農場主, planters), 은행가, 변호사, 전·현직 주지사(州知事)들로서 사회의 소수 특권층에 속하고 있었다. 따라서 그들이 급격한 변화보다는 현상유지를, 과거와의 단절보다는 연속을 원했다는 것은 어쩌면 당연한 일이었다고 보아야 한다.(이 점에 있어서 미국혁명은 과거와의 과격한 단절과 사회질서의 근본적 변화를 추구한 프랑스의 대혁명(大革命, The French Revolution of 1789)과는 근본적으로 다르다.)

소수 특권층에 속했던 미국의 국부들이 다수국민을 경계하는 마음으로 대한 것은 그 당시의 정치사회적 여건들을 고려할 때 이해할 수 있는 일이다. 국민다수가 그들의 대표를 뽑아 의회를 구성하고 그 의회의 다수가 작당하여 임의대로 법을 만들어 소수 특권층을 압박한다면 그들은 속수무책(束手無策)이라고 생각했다. 그들에게는 다수가 위협적이며 위험한 집단으로 인지(認知)되었으며, 따라서 다수의 전제와 횡포를 방지하지 못하면 그들의 자유와 재산은 물론 심지어는 생명까지도 안전하지 못하다고 믿었다.

그러한 개인적 혹은 계층적 우려가 그들로 하여금 다수독주(多數獨走)에 대한 견제책을 마련하는 데 특별히 고심하게 만든 것이다. 바로 이러한 연유에서 어떤 학자는 미국의 국부들이 세운 나라는 민주주의 국가가 아니라 보수적인 귀족국가(貴族國家, aristocracy)

였다고 주장하기도 한다.(Allen J. Smith and Charles A. Beard, *The Spirit of American Government*, 1911) 미국의 대통령제 정치제도가 그러한 사회적 배경과 동기를 가지고 있었으며 정치적 보수주의(保守主義)를 그 기본 철학으로 하고 있다는 사실을 이해하는 것은 대통령제의 진정한 성격을 파악함에 있어서 대단히 중요한 일이다.

권력분립 및 견제균형의 정치논리(政治論理)는 모든 절대적 통치권(絕對的 統治權)을 부인하는 데서 출발한다. 미국의 국부들은 철저한 개인주의 신봉자로서 국가는 개인을 위하여 존재하고 국가권력의 절대성은 부인되어야 한다고 믿었다. 그리하여 그들은 주권자인 국민이 선거를 통하여 대통령과 의회에게 통치권을 위임한 후에도 여러 가지의 제도적 장치를 통하여 서로 상대방을 견제하도록 함으로써 아무도 독주할 수 없도록 만든 것이다. 대통령은 물론 의회의 다수도 절대적 위치에서 통치권을 행사해서는 안 된다는 철학이 미국의 대통령제 밑에 깔려 있다.

따라서 대통령제는 필연적으로 민주정치의 기초인 다수지배의 원칙에 대하여 중대한 수정(修正)을 가하게 된다. 바로 이 때문에 어떤 학자들은 미국의 정치제도를 비다수결주의 제도(non‐majoritarian system) 혹은 상호좌절(相互挫折)의 제도(system of mutual frustration)라고 부른다. 여기서 '상호좌절'이란 표현은 대통령제가 대통령과 의회로 하여금 서로 상대방의 뜻을 좌절시키도록 하는 데 중점을 둔 제도라는 의미를 내포한다. 즉 대통령제는 정부의 적극성보다 소극성을 강조하는 권력구조라는 뜻이다. 의회 다수에 대한 강력한 견제를 도모한 것은 미국 대통령제 권력구조의 가장 중요한 특징 중의 하나이다. 이 점에 있어서 대통령제는 다수지배의 원칙을 전

면 수용(受容)하는 영국의 의원내각제와는 본질적으로 다르다.(이에 관하여서는 후에 설명함)

(2) 대통령제의 반정당책임정치성향(反政黨責任政治性向)

대통령제는 다수에 대한 견제를 강조하는 제도일 뿐만 아니라 정당책임정치를 거부하는 제도이다. 대통령제를 창안한 미국의 국부들은 정당을 포함하여 모든 붕당(朋黨)들의 존재와 역할을 부정적으로 보고 그러한 집단들의 전횡(專橫)으로부터 국민을 보호해야 한다는 입장을 취했다. 그들에게는 정당이나 당파(黨派)는 편협한 사리(私利)만을 추구하는 해로운 존재였다. 그들은 사리(私利)와 공익(公益)을 상반되는 개념으로만 보고 공익을 버리고 사리만을 추구하는 정당들의 배타적이며 이기적 통치로부터 국민의 자유와 권리 및 재산을 보호해야 한다는 입장을 취했다.

그리하여 토마스 제퍼슨은 "만약에 내가 정당 없이는 천당에 갈 수 없다면 나는 차라리 그곳에 가지 않겠다."라고 말할 정도로 정당에 대하여 강한 부정적 견해를 가지고 있었으며(제퍼슨의 이 견해는 후에 바뀌게 됨) 벤저민 프랭클린(Benjamin Franklin, 1706－1790), 조지 워싱턴(George Washington, 1732－1799), 제임스 매디슨 등 중요한 인물들이 모두 유사(類似)한 견해를 가졌던 것이다.[2] 그들은 국민을 대표하는 의원들이 정당을 떠나 오로지 각자의 양심에 따라 행동해야만 정의(正義)로운 사회를 건설할 수 있다고 믿

---

[2] Richard Hofstadter, *The Idea of a Party System*, 1969.

었던 것이다. 미국의 국부들은 사리와 공익이 불가분의 관계에 있으며 어느 지점에 이르면 사리와 공익이 중첩(重疊)되고 궁극적으로 사리가 모여 공익의 기반을 형성한다는 사실을 (의도적으로?) 간과(看過)했는지도 모른다.

정당에 대한 그들의 부정적 태도는 다수지배에 대한 그들의 부정적 태도와 일맥상통(一脈相通)하는 일관된 자세라 하겠다. 그들이 다수를 믿지 못하고 견제하지 않으면 안 됐듯이 그들은 대중정당(大衆政黨, mass party)에 대하여서도 깊은 불신(不信)과 의구심(疑懼心)을 품고 경계했던 것이다. 18세기의 농업사회에서 살았던 미국의 국부들이 미래 산업민주주의 국가에 있어서의 정당정치의 필연성(必然性)과 필요성(必要性)을 미처 예견하지 못한 것은 어쩌면 당연한 일이라 하겠다. 그 당시에는 정당은 일반적으로 당파주의(factionalism)와 집단적 이기주의의 현현(顯現)으로만 생각되었으며 정당들의 존재를 긍정적으로 보는 시각은 거의 없었다.(정당에 대한 비판의 목소리는 20세기에 이르도록 이어져 온다. 존 스튜어트 밀(John Stuart Mill), 제임스 브라이스(James Bryce), 로버트 미셸스(Robert Michels), 오스트로고르스키(M. I. Ostrogorski) 같은 학자들이 정당정치에 대하여 부정적 입장을 취했다. 그들은 정당이 모두 소수 리더들에 의하여 비민주적으로 운영되고, 진실과 정의를 외면하며, 국민의 저급한 감정과 이익에만 호소함으로써 이상적인 민주주의의 구현을 어렵게 만든다고 비판했다. 또한 20세기의 전체주의 독재체제(totalitarian dictatorship)들, 즉 공산주의 독재와 파쇼주의 독재가 모두 대중정당(大衆政黨)이라는 매체(媒體)를 통하여 가능하게 된 것도 부인할 수 없는 사실이다.)

그러나 산업사회가 점점 발달함으로써 사회가 계층화되고 국민의 참정권(參政權)이 확대됨에 따라서 대중정당(大衆政黨)의 출현은 불가피하게 됐다. 정당정치는 사회 내부의 이해(利害)의 상충 및 충돌을 합법적으로 해결하기 위한 유일한 방편으로 등장하게 된 것이다. 다시 말하면 정당정치는 정치적 반대집단 혹은 반대세력(反對勢力)의 존재를 합법화시킴으로써 평화적으로 사회 내부의 갈등과 충돌을 해소하기 위한 방법으로서 현대 민주정치의 핵심을 이룬다. 정당정치의 출현은 민주주의의 발달과 함께 인류역사상 참으로 획기적 사건이라 아니 할 수 없다. 정당정치가 발달하기 전에는 정치적 반대세력은 합법적인 단체로 인정되지 않았으며 통치자의 입장에서 용인될 수 없었다. 우리의 이씨조선사(李氏朝鮮史)는 이 점을 역력히 보여준다. 로버트 달(Robert A. Dahl) 교수는 정당정치가 인류역사상 가장 위대하고 가장 기대하지 못했던 발견 중의 하나라고 말한다.3)

　여기서 우리가 특별히 유념해야 할 것은 대중정당들이 존재한다고 해서 반드시 진정한 의미의 정당정치가 구현되는 것은 아니라는 사실이다. 진정한 의미의 정당정치는 정당책임정치를 의미하며, 정당책임정치는 수권정당의 정책과 공약이 구현된다는 전제(前提)가 성립할 때 비로소 가능하게 된다. 그러나 대통령제하에서는 그 전제가 성립하지 않는다. 대통령제하에서 그 전제가 성립할 수 없음은 대통령제의 이론적 기반을 이루는 권력분립 및 견제균형론의 당연한 논리적 귀결이라 할 수 있다. 견제와 균형의 정치논리는 책임의 정치논리와 궁극적으로 조화(調和)를 이룰 수 없기 때문이다.

　대통령제는 근본적으로 정당책임정치를 배격한다. 대통령제하에서 건전한 정당책임정치의 발달이 불가능한 것은 근본적으로 입법부와 집행부가 서로 독립적으로 존속하고 서로 견제하는 입장에 있

---

3) *Democracy in the United States; Promise and Performance*, 1972, p.242

음으로써 국정에 대한 책임의 소재가 불투명하게 되기 때문이다. 대통령제하에서는 집권당이 의회의 다수당이 된다는 아무런 보장이 없을 뿐만 아니라, 설혹 대통령 소속정당(집권당)이 의회의 다수의석을 차지한다 할지라도 미국의 경우에는 정당들이 지방분권화(地方分權化)되어 내부 결속력(結束力, party discipline)이 약하기 때문에 대통령의 모든 정책이 반드시 의회의 지지를 받는다는 보장은 없다.

미국 의회에 있어서의 교차투표(交叉投票)의 가능성은 대통령의 입지에 유연성(柔軟性)을 주지만 그의 리더십을 안정시켜주고 그의 선거공약을 그대로 지킬 수 있게 해 주는 것은 아니다. 따라서 대통령제하에서 대통령 후보들은 많은 선거공약을 내세우지만 승자의 공약이 반드시 실현된다는 보장은 없다. 특히 여소야대의 경우에는 더더욱 그러하다. 대통령제하에서 대통령과 의회는 약속 불이행에 대한 준비된 핑계를 언제나 가지고 있다. 대통령은 의회를, 의회는 대통령을 비난할 수 있기 때문이다. 이러한 상황에서 무책임한 선거공약은 남발(濫發)되고 무책임한 정치가 보편화(普遍化)되는 것은 당연한 이치이다.

이상 설명한 대통령제 권력구조의 두 가지 특성, 즉 대통령제의 비다수결주의적 요소와 대통령제의 반정당책임정치성향은 결국 민주정치의 건전한 발달과 구현을 근본적으로 저해한다는 점에 그 문제의 심각성이 있다. 대통령제하에서 선거를 통하여 표명된 국민의 뜻과 기대가 실종(失踪)되는 경우가 허다함은 주로 정치인들의 무성의하고 무책임한 자세 때문이 아니라 대통령제라는 정치제도(政治制度, political system)가 책임정치를 외면하기 때문이라는 점을 우리는 주목해야 한다.

2) 대통령제의 근본 문제와 시대착오성(時代錯誤性)

　유달리 자유를 사랑하는 미국 국민에게는 권력분립 및 견제와 균형의 원칙은 민주주의의 대명사(代名詞)처럼 되어 있다. 그만큼 일반 미국 국민에게는 권력분립 및 견제균형의 정치이론이 친숙하게 다가오며 설득력과 호소력을 지니고 있다. 또한 세계의 많은 사람들이 미국의 정치제도를 가장 이상적(理想的)인 정치제도라고 생각하며 동경(憧憬)하고 있는 것도 사실이다.

　지난 한 세기 동안 경제, 과학, 교육, 군사, 의학, 통신, 스포츠 등 인간노력(人間努力)의 주요 분야에서 미국이 보여준 탁월한 성취와 리더십은 마치 미국 정치제도의 우수성(優秀性)을 입증이라도 하여 주는 듯한 느낌을 준다. '작은 정부'를 특징으로 하는 미국의 대통령제는 개인의 자유와 창의성을 최대한 진작(振作)시키고, 시장 경제체제와 완벽한 조화를 이루면서 지상최대(地上最大)의 국부(國富)를 창출해 내는 데 성공했으며, 미국으로 하여금 세계 최강의 국력(國力)을 보유할 수 있게 만들고, 20세기를 통하여 미국을 장밋빛으로 물들여 놓기에 충분했다. 어쩌면 그러한 상황적 요인들이 미국 정치제도에 대한 일반인들의 왜곡(歪曲)된 인식을 유도했는지도 모른다.

　그러나 미국이 세계에서 가장 부강한 나라가 된 것은 미국 정부의 능동적 역할(能動的 役割)에 기인된 것이 아니라, 그와는 반대로 미국 정부의 소극성과 시장경제체제가 맞물려 개인의 창의성과 생산의욕이 십분 발휘됨으로써 얻어진 결과라고 보는 것이 더욱 타당하다. 정부의 성능(性能, performance)을 평가하는 데 있어서 가장 중요한 기준은 그 나라의 가치창출능력(價値創出能力)이나 군사력(軍事力)이 아니라 그 나라에 있어서의 일반 국민의 삶의 질이다.

한때 강력한 군사력을 가졌던 나치독일 혹은 공산치하의 소련은 세계적으로 대단한 위력을 발휘했으나, 우리는 그 나라들의 정부의 성능을 높이 평가할 수는 없다. 국가의 군사력 및 가치산출능력과 정부의 생산성 및 효율성 문제는 구분해서 생각해야 한다. 현금 중국 전체의 가치산출능력은 엄청난 것으로 평가되지만 그것을 중국 정부의 효율성 때문이라고 말할 수는 없다. 같은 맥락에서 그동안 미국 사회의 가치산출 능력이 탁월했던 것을 미국 정부의 정책 산출능력 혹은 미국 정부의 효율성 탓이라고 말할 수는 없다. 특정 국가의 정부를 올바로 평가하기 위해서는 그 나라의 강점보다도 약점을, 밝은 면보다도 어두운 면을, 긍정적인 면보다도 부정적인 면을 면밀하게 검토해야 한다. 왜냐하면 정부의 주된 역할은 사회의 취약(脆弱)한 면을 보강(補强)하여 사회 전체를 보다 건강하게 만드는 데 있기 때문이다.

미국의 대통령제 정부가 지금의 미국 사회를 얼마나 비참하게 만들고 있는가 하는 것을 검토해 보면 우리는 놀라움을 금할 수 없게 된다. 견제와 균형의 쇠사슬에 얽매여 있는 미국 정부는 급격히 증가하는 미국 사회의 필요(必要)와 요구(要求)에 효율적으로 부응하지 못하고 있는 것이다. 오늘의 미국의 실태(實態)는 이 점을 역력히 보여준다.

세계의 최강국(最强國이)며 최대의 생산력과 부(富)를 과시하는 미국이 삶의 질(質)을 측정하는 모든 지표에 있어서 선진국 권내(先進國 圈內)에서 크게 뒤지고 있다는 사실은 미국 정부의 성능에 심각한 문제가 있음을 말해 준다. 현재 미국 국민의 20% 이상이 정부의 재정적 도움이 없이는 인간다운 생활을 영위할 수 없으며 (그중 약 70%는 백인), 집 없이 헤매는 노숙자(露宿者)의 수는 세계에서 으뜸이고, 미국 국민의 평균수명은 선진국권에서 상대적으로 가장 짧은 편에 속하며, 유아사망률(幼兒 死亡率)과 범죄율은 가장 높은 편에 속한다. 미국 국민의 의료 및 건강 문제(healthcare problem)는 세계의 모든 산업국가 중에서 가장 심각한 편에 속하고, 대학교육을 제외한 중·고등학교교육은 그 질에 있어서 선진국 권에서 가장 낮은 편이며, 가장 높은 율의 학생들이 고등학교를 졸업하지 못하고 중도하차하는 형편이다. 미국 성인(成人)의 20% 이상이 기능적 문맹(functional illiterate, 機能的 文盲)으로 집계되고 있으며, 환경오염 문제는 세계의 어느 선진국보다도 심각하다. 그리고 모든 상황은 점점 더 악화되고 있는 추세이다. 즉 미국은 세계에서 가장 부강한 나라이지만 그 안에 살고 있는 일반 국민은 응분(應分)의 혜택을 누리지 못하고 있는 실정이다.[4]

이러한 미국 사회의 실상(實狀)을 고려할 때 미국의 정치가 미국 국민을 위하여 효자노릇을 한다고 볼 수는 없다. 미국에 있어서 자유주의 사상에 기반을 둔 시장경제체제와 개인의 창의성 창달(創意性 暢達)은 미국을 다른 선진국들보다 부강하게 만드는 데 혁혁한 공을 세웠지만, 미국의 정치와 정부는 미국 국민의 생활을 안정(安

---

4) Paul Blumberg, *Inequality in an Age of Decline*, 1980; Benjamin Page, *Who Gets What From Government*, 1983; Charles Murray, *Losing Ground*, 1985; Michael Harrington, *The Other America*, 1963

定)시키고 삶의 질을 향상시킴에 있어서 상대적으로 실패하고 있다.

건강한 사회를 만드는 데 있어서 국가사회의 가치창출능력도 중요하지만, 창출된 가치가 어떻게 쓰이느냐 하는 분배(分配)의 문제도 그에 못지않게 중요하다. 가치창출(價値創出)의 궁극목적은 가치창출 그 자체에 있는 것이 아니라 삶의 질을 향상시키는 데 있기 때문이다. 미국의 경우 국가사회의 가치창출능력은 극대화되었으나, 부의 재분배(再分配)를 통하여 국민생활을 안정시키고 삶의 질을 향상시키는 데 있어서는 상대적으로 실패하고 있다. 그리고 그 실패의 근원은 정치에서 찾을 수밖에 없다. 가치(價値)의 재분배(allocation of values)는 정치 고유(固有)의 영역(領域)이기 때문이다.

미국의 대통령제는 대통령과 의회를 분리, 독립시키고 각각 일정한 임기를 갖게 함으로써 안정된 정부를 제공하며 또한 의회가 대통령과 뜻을 함께할 때에는 대통령은 일사불란(一絲不亂)하게 일관성 있는 정책을 수립하여 집행할 수 있게 해 준다는 중요한 장점을 지닌다. 그러나 유감스럽게도 그러한 경우는 예외에 속한다. 실제는 대통령이 의회를 지배할 수 없는 것이 보통이며, 대통령과 의회의 뜻이 서로 엇갈리는 경우에 그것을 하나로 모으기 위한 제도적 방법도 없다.

그리하여 대통령과 의회가 대치(對峙)상태에 빠지면 정치는 교착(膠着)과 공전(空轉)을 면할 수 없고, 그 결과 정치는 생산성을 잃는다. 200여 년 전에 소극적인 정부를 지향한 미국 국부들의 의도(意圖)가 성공적으로 현실화된 셈이다. 그러나 바로 이것이 현금에 이르러서는 대통령제의 가장 심각한 결함이 되고 있다.

정치의 교착 문제는 연방국가(聯邦國家, federal state)이며 교차

투표(交叉投票)의 가능성이 상존(常存)하는 미국에 있어서도 참으로 심각한 문제로서 지각(知覺) 있는 많은 미국인들로 하여금 비판과 우려의 목소리를 내게 하고 있지만,(이 점에 대하여서는 후에 상술함) 한국과 같이 단일국가(單一國家, unitary state)이며 모든 행정이 중앙집권화(中央集權化)되어 있는 나라에 있어서는 정치교착 문제의 심각성은 한층 더할 수밖에 없다. 미국에 있어서는 광범위한 자치권(自治權)을 가진 주정부가 많은 민생 문제들을 어느 한도까지는 자체적으로 해결해 나갈 수 있음으로써 연방정부의 마비(麻痺)와 능동성 상실에서 오는 충격을 어느 정도 완화(緩和)시켜줄 수 있다.

그러나 한국과 같은 단일국가에 있어서는 지방정부의 자치권의 범주(範疇)가 지극히 한정되어 있기 때문에 중앙정부의 마비에서 오는 충격은 그만큼 더 클 수밖에 없다. 따라서 한국과 같이 모든 것이 중앙집권화되고 의회에서의 교차투표(交叉投票)의 가능성이 거의 없는 나라에 있어서는 정치의 교착 문제에 대한 제도적 해결책(制度的 解決策)을 반드시 찾아야 한다. 이는 정치의 성패(成敗), 나아가서 나라의 존망(存亡)을 좌우할 수 있는 중대한 문제가 되기 때문이다.

대통령제하에서 대통령과 의회가 대치하고 있는 경우에 대통령에게 주어진 선택의 여지는 별로 없다. 대통령은 국민에게 직접 호소하여 여론을 환기시킴으로써 반발하는 의회에 대하여 압력을 가하여 의회의 지지를 유도하려고 노력하기도 하고, 여러 가지 방법을 써서 의원들을 개별적으로 설득하려고 노력하기도 한다. 그러나 그러한 대통령의 노력이 실효(實效)를 거두지 못하는 것이 보통이다. 미국의 정당들은 지방분권화되고 내부결속력이 약하기 때문에 비록 대통령이라 할지라도 소속 정당의 의원들의 지지를 당연시할 수 없는 입장이다.[미국의 36대 대통령 린든 존슨(Lyndon Johnson)은 의회 의원들을 개별적으로 '설득'하기 위하여 F.B.I.를 통하여 입수한 의원들의 비리(非理)에 관한 정보(특히 부정한 여자관계)를 매일 밤 취침 전에 흥미진진하게 읽었다 한다.(Johnson's bedtime story) 그는 필요시에 그러한 정보를 이용하여 의원들을 개별적으로 협박하여 설득했다는 것으로 유명하다. 그것은 팔 비틀기(arm‒twisting) 수법으로 알려진바, 물론 정정당당한 방법은 아니지만 중요한 법안을 통과시키는 데 유용하게 사용됐다 한다. 이 이야기는 대통령의 위치가 얼마나 절박한가 하는 점을 단적으로 말해 준다.]

일반적으로 미국 의회 의원들은 여야를 막론하고 자신의 길을 걷게 된다. 그들은 중요한 이슈가 발생할 때마다 소속정당이 같다고 하여 대통령의 정책을 무조건 지지하지 않는다. 대부분의 의원들은 다음 선거에서 재선되는 것을 최우선 목표로 하기 때문에 선거구민의 여론 그리고 그들을 지지해 주며 재정적으로 후원해 주는 이익단체(利益團體)들과 시민단체(市民團體)들의 의견과 요구를 가장 중시(重視)한다. 특히 그들 배후에 있는 이익단체들의 영향력은 거의 절대적이라 할 수 있다. 이익단체들은 후보들을 위하여 돈과 표를 제공하는 가장 중요한 역할을 하기 때문이다.

반면 미국 의회 의원들을 지배할 수 있는 대통령의 영향력은 거의 없다고 해도 과언이 아니다. 정당들이 지방 분권화되어 있기 때문에 공천 과정에 있어서도 대통령의 영향력은 없다. 그럼에도 불구하고 여당의원들이 야당의원들보다 대체로 대통령을 지지하는 경향이 큰 것은 사실이지만 그것은 주로 그들의 정치노선(政治路線) 혹은 정치철학(政治哲學)의 유사성(類似性) 혹은 동질성(同質性)에 기인된 것이며, 같은 정당에 소속한다는 이유 때문만은 아니다. 의회 의원들은 각자 행동의 자유를 포기하지 않으며 대체로 독립적으로 행동한다. 어느 학자의 말대로 미국의 의회는 구심점(求心點)이 없이 각각 독립적으로 행동하는 535명의 '영주'(領主, lord)들로 구성된, 아무도 지배할 수 없는, 산만(散漫)한 집단인 것이다.

그리하여 대통령이 의지할 곳은 자신밖에 없다. 그는 국민에 의하여 선출되어 권좌(權座)에 올랐지만 견제와 균형의 체제 속에서 외롭고 무기력한 존재가 된 것이다. 특히 국내 문제에 관한 한 그의 리더십은 지나치게 약하다.(외교와 군사 문제에 대한 미국 대통령의 권한은 상대적으로 막강함.) 미국의 대통령은 의회가 뜻을 함께해 주지 않는 한 자신의 정책과 선거공약을 관철시킬 수 없는 입장에 있다. 따라서 그는 거의 언제나 타협(妥協)의 정치를 시도할 수밖에 없게 된다.

타협의 정치가 민주주의의 본질이라고 생각하는 사람은 비록 대통령제 권력구조가 정치의 교착상태를 유발(誘發)시키며 정치를 비생산적(非生産的)으로 만들지라도, 대통령제의 견제와 균형의 제도적 장치가 일방적 독주(獨走)를 방지하고 타협의 정치를 강요하기 때문에 바람직하다고 환영할 것이다. 그리하여 여와 야, 대통령과 의회가 한 발씩 물러서서 서로 양보하며 타협하는 정치를 보면서 아름답고 이상적인 정치라고 박수를 보낼 것이다. 대한민국 수립 이래 집행부의 독주와 그에 대항하여 몸싸움하는 의회의 추태(醜態)를 자주 보아온 우리로서는 타협의 정치를 이상적인 정치라고 생각하는 한국 국민의 심정을 이해하고도 남음이 있다.

그러나 문제는 나라 전체의 이익을 중심으로 판단할 때 타협의 정치가 긍정적인 면보다 부정적인 면을 훨씬 더 많이 지니고 있다는 데 있다. 여야 간에 주고받는 타협의 과정에서 정책의 일관성(一貫性)은 파괴될 수밖에 없고 그 결과 방향감각(方向感覺)이 없는 미봉책(彌縫策)을 낳게 되며, 선거공약은 사실상 백지화(白紙化)됨으로써 선거의 진정한 의미는 대부분 상실된다.

정책의 일관성이 파괴될 때 정부가 국가적 과제들을 효율적으로 달성할 수 없는 것은 당연하다. 따라서 정책의 일관성 문제는 정부의 성패를 좌우하는 중요한 관건(關鍵)이 된다. 정부는 정책의 일관성을 유지함으로써만 수많은 정책들 사이의 중복과 충돌을 피할 수 있고, 정부의 한정된 재원과 에너지를 국가적 우선순위(優先順位)에 따라 정렬(整列)시킬 수 있으며, 국가의 모든 활동들을 합리적으로 조율(調律, coordinate)하여 효율적으로 국가적 목표를 달성할 수 있게 된다. 그러나 타협의 정치는 정책의 일관성을 파괴하고, 정책의 중복(重複)을 가져오며, 때로는 상반(相反)된 정책을 동시에 추구하게 함으로써 막대한 국가재원과 인간 에너지의 낭비를 초래할 수 있다. 정책의 일관성이 결여될 때 국가는 방향감각을 잃고 정처 없이 표류하는 선박(船舶)의 신세가 되어 목적지(目的地)에 도달할 수 없게 된다.

대통령제하에서는 정책의 일관성(一貫性)을 유지할 수 있는 방법은 보장되지 않는다. 여기에 대통령제의 고민이 있다. 일반적으로 여야 간의 타협은 순탄치 않은 것이 보통이며, 사안(事案)이 중요하면 중요할수록 타협의 어려움은 더하다. 또한 합의에 도달할 때까지 소요되는 시간과 정력의 소모는 각박하게 움직이는 현대사회를 경영함에 있어서 감당하기 어려운 부담(負擔)이며 사치(奢侈)라고 아니 할 수 없다.

설상가상으로, 여야 간의 타협이 항상 가능한 것도 아니다. 동상이몽(同床異夢) 격인 여와 야는 정략적(政略的)인 이유 때문에 끝까지 타협을 거부할 수도 있다. 그 경우 정치는 교착상태에 빠져 공전하게 되고 정부의 기능은 마비될 수밖에 없다. 즉 정부는 능동성을 잃고 무위(無爲)만이 유일한 선택이 된다. 그러나 국가의 역할과 책임이 급격히 확대되고 있는 오늘, 정부의 무위처럼 위험하고 무책임한 일은 없으며, 국가발전의 원동력(原動力)을 공급해야하는 정치가 제도적 이유로 생산성을 상실하는 일보다 더 불행한 일은 없을 것이다.

생산성과 효율성을 잃은 정부는 현상유지(現狀維持)만을 할 수 있을 뿐이다. 그러나 현상만을 유지할 수 있는 정부는 종국에 가서는 비상사태를 유발시켜 현상마저도 유지할 수 없는 지경에 이르게 된다. 시간이 흐름에 따라 미해결상태(未解決狀態)로 남아 있는 국가적 문제들이 누적(累積)됨으로써 사태는 점점 악화될 수밖에 없기 때문이다. 사태가 극도로 악화되어 비상사태에 근접하게 되면 다급해진 여와 야는 국민의 시선(視線)이 두려워 부득불 야합(野合)하여 미봉책(彌縫策)을 내놓는 발작적(發作的)인 행동을 하게 되는 것이다.

이제 시대는 변했다. 자유의 개념이 확대되고 국가와 개인 사이의 관계가 새로이 정립되면서 국가의 적극적(積極的) 역할이 절실히 요구되는 시대가 된 것이다. 국가는 필요에 따라 개인의 자유를 제한하기도 하지만 그것을 보호하고 신장하는 데 있어서도 적극적 역할을 담당하지 않으면 안 되는 시대가 됐다. 즉 18~19세기에 있어서와는 달리 오늘의 정부의 역할은 국방과 사회질서유지(社會

秩序維持)라는 소극적 역할에 한정될 수 없으며, 정부는 경제, 사회, 문화, 교육, 환경, 과학, 보건 등 국민 생활의 거의 모든 영역에 걸쳐서 능동적 역할을 담당함으로써 국민의 적극적 자유와 기회의 균등, 그리고 일반복지의 향상을 위하여 책임을 지고 노력해야 하는 나라의 주 역군(役軍)이 된 것이다.

대통령제의 근본 문제는 그 제도의 설계자들이 상정(想定)한 소극적인 정부와 현대복지사회(現代福祉社會)가 요구하는 정부의 적극적 역할 사이에 심각한 괴리현상(乖離現像)이 발생하는 데서 비롯한다. 시대의 변천에 따라 정부의 능동적 역할이 커지면 커질수록 대통령제의 유용성은 감소된다. 견제와 균형의 원칙은 18~19세기에 있어서는 전제정치의 방지라는 목적을 달성함에 있어서 도움이 됐다는 가정(假定)하에 그 의미가 살아 있었다고 할지라도, 민주주의가 정착되고 복지국가를 지향하지 않으면 안 되는 21세기에 이르러서는 그 본래의 목표가 사라지게 된 것이다. 즉 목표를 잃은 원칙과 그 원칙 위에 세워진 제도만이 아직도 남아 있는 셈이다.

국가의 권력구조를 설계함에 있어서 전제정치(專制政治)의 방지를 그 주된 목적으로 삼는 것은 근본적으로 타당치 않다. 나라의 권력구조 문제는 정부가 통치권을 행사하는 방법을 그려놓은 기본 틀, 즉 정부형태(政府形態)에 관한 문제이다. 그러나 민주(民主)냐 독재(獨裁)냐 하는 문제는 국체(國體)에 관한 문제로서 근본적으로 국가주권(國家主權)의 소재를 결정짓는 문제라 할 수 있다. 따라서 그것은 제도나 법의 범주(範疇)를 초월하는 문제이다. 법과 제도는 민주주의를 창조(創造)할 수도 없고 수호(守護)할 수도 없다. 민주적 법과 제도는 민주혁명(民主革命)의 결과이지 그 원인이 아니다.

독재가 힘에 의하여 유지됨과 같이 민주주의의 최후의 보루(堡壘) 역시 제도가 아니라 힘이다. 인류역사상 민주적 제도 때문에 독재가 방지된 예는 없다. 일찍이 프랑스의 정치 철학가 장 자크 루소(Jean Jacques Rousseau, 1712-78)는 이 점을 그 누구보다도 예리하게 간파하고 "독재는 힘에 의해서만 유지되므로 오직 힘만이 그것을 타도할 수 있는 것이다."라고 갈파했다. 여기서 '힘'이란 궁극적으로 물리적(物理的) 힘을 말한다.

민주국가에서 권력구조설계(權力構造設計)의 주된 목표는 선거를 통하여 표명된 국민의 뜻을 어떻게 하면 효율적으로 그리고 충실하게 구현할 수 있는가 하는 점에 두어야 한다. 즉 민주국가의 권력구조는 국민이 선거를 통하여 선택한 수권정당의 정책과 공약이 충실히 실현될 수 있도록 하는 데 초점을 두고 설계되어야 한다. 그러나 미국의 국부들은 민주주의의 구현보다는 그들이 영국으로부터 독립을 쟁취함으로써 얻어진 자유와 권리와 재산을 이제는 자신들이 세운 정부로부터 보호하는 문제에 집착하고 있었다.

따라서 그들은 미국의 권력구조를 설계함에 있어서 가능한 한 소극적인 정부를 겨냥한 것이다. 그들은 권력분립 및 견제균형의 정치체제를 통하여 정부의 행동반경(行動半徑)을 최소한으로 제한하고 개인의 자유와 권리를 극대화했다. 미국의 대통령제는 전제정치의 방지라는 명분(名分)으로 정부의 능동성과 적극성을 박탈하고 개인 및 소수(minority)의 자유와 권리를 극대화(極大化)하는 데 주안점을 둔 권력구조이다.

그 결과 미국의 대통령제정부는 국내 문제를 해결함에 있어서 지나치게 약하고 비효율적인 정부가 되고 말았다. 정당은 결속력이 없고, 의회는 수백 명의 독립적인 '영주'들이 모여 제각기 자신의 정치적 이해관계에 따라 독자적으로 행동하는 산만한 기관이 되고, 대통령은 의회와 소속정당의 확실한 지원 없이 모든 문제를 홀로 해결해야 하는 외로운 존재가 된 것이다. 우리의 상식과는 달리 미국대통령의 리더십은 지나치게 약하다. 그는 제도와 싸워가며 자신의 설득력과 개인적 리더십을 통해서만 통치할 수 있는 참으로 어려운 입지에 서 있다. 미국의 대통령에 관한 최고 권위자라고 할 수 있는 리차드 뉴스타트(Richard E. Neustadt) 교수는 다음과 같이 말하고 있다.

> 우리의 역사는 남북전쟁이나 대공황과 같은 전국을 통하여 일반 국민의 개인 생활을 깊게 뒤흔드는 (국가적) 위기가 지속적으로 발발할 때에만 대통령과 의회 사이에 안정적인 연대를 창출할 수 있게 했다는 것을 보여준다.[5]

대통령제의 근본 문제는 입법부와 집행부 사이의 연대를 불확실, 불안정, 때로는 불가능하게 함으로써 정부의 생산성 및 효율성을 저해하는 데 있다.

대통령제가 지니는 또 하나의 치명적 결함은 그것이 건전한 정당책임정치를 불가능하게 만든다는 점이다. 정당정치가 많은 부정적 측면을 내포하는 것은 부인할 수 없다. 그러나 정당정치는 현대 민주정치의 핵심을 이룬다. 정당은 일반 국민과 사회집단과 정부를 연결해 주는 가장 중요한 연결고리가 된다. 정당들의 활동을 통하

---

5) Richard E. Neustadt, *Presidential Power and the Modern Presidents*, The Free Press, 1990, p.158.

여 사회 각계각층의 뜻과 이익이 집약 표명되고, 그것을 바탕으로 하여 국가의 주요 정책이 창출된다. 정당을 통하여 국민의 요구가 국가정책에 반영되고, 정당을 통하여 정책대안(政策代案)이 제시되며, 정당을 통하여 정부가 국민에게 책임을 지게 되며, 정당을 통하여 정치적 리더십이 생성(生成)되며, 정당을 통하여 국민의 정치교육이 실현되며, 건전한 정당정치를 통하여 독재정치를 방지하고 자유를 보존할 수 있게 된다.

민주주의가 발달하여 의사표현의 자유가 보장되고 일반 국민의 참정권이 확대됨에 따라 대중정당의 출현은 자연스러운 현상이 되고, 정당들은 집권을 목표로 서로 경쟁한다. 민주주의 국가에서 범죄행위(犯罪行爲)를 목적으로 하지 않는 한, 모든 국민은 집회결사(集會結社)의 자유와 권리를 갖는다. 이것은 민주주의의 기본철학이다. 이 민주주의 기본철학에 입각하여 다양한 사회집단과 정당들이 나타나는 것이다. 영리를 주목적으로 하는 회사(會社)들의 정관(定款) 내용이 설립자들의 뜻에 따라 결정되듯이 집권을 주목표로 하는 정당들의 당헌(黨憲) 내용도 창시자(創始者)들의 뜻에 따라 결정될 수밖에 없다. 그러나 어느 정당의 당원이 될 것인가 혹은 어느 정당을 지지할 것인가 하는 문제는 국민 개개인의 몫이다. 정당은 국가와 같은 강제단체(强制團體, arbitrary organization)가 아니며 정당의 법적 지위는 근본적으로 회사(會社)의 그것과 다를 바없다고 보아야 한다.

현대 민주주의 국가에 있어서는 정당들은 경쟁적으로 국민에게 호소하고 국민은 선거를 통하여 집권당을 선정(選定)하여 통치권을 위임(委任, mandate)한다. 그리고 집권당은 정부를 구성하고 통치에 임하게 되는 것이다. 자유경쟁을 원칙으로 하는 시장경제체제(市場經濟體制)가 정치부문에 이식(移植)된 것이 곧 현대 민주국가에 있어서의 정당정치라고 할 수 있다. 모든 회사와 상품들이 시장에서 자유로이 경쟁하듯이 모든 정당들이 정치시장(政治市場)을 형성하고 정책과 후보라는 상품을 내놓으며 국민에게 호소하고 국민은 선거를 통하여 정당들이 내놓은 정책과 인물을 선택하는 것이다.

따라서 현대 민주정치에 있어서의 주역(主役)은 개인이 아니라 정당이다. 정당의 존재는 현대 민주정치에 있어서 필요불가결(必要不可缺)한 요소가 되고, 정당정치를 떠나서는 자유민주주의(自由民主主義)의 구현은 상상할 수도 없게 됐다. 정당정치가 많은 부정적 측면을 지니고 있음에도 불구하고 현대 민주주의를 경영함에 있어서 정당정치를 대치할 만한 더 좋은 대안은 없다고 할 수 있다.

모든 정당들이 비민주적으로 조직되고 비민주적으로 운영되기 때문에 그러한 정당들을 통한 민주주의 구현은 불가능하다는 주장은 타당성이 없다. 정당이 민주적으로 운영되느냐 아니면 소수의 리더들에 의하여 권위주의적(權威主義的)으로 운영되느냐 하는 문제는 전적으로 정당 내부의 문제로서 민주주의 그 자체와는 무관한 것이다.

그러므로 민주주의 국가에는 다양한 성격의 정당들이 있을 수 있다. 회사들의 조직과 운영방침이 민주주의와 무관하듯이 정당의 조직과 운영방침은 엄밀히 따지면 정당의 내부 문제에 불과하다. 완전히 민주화된 회사가 있을 수 없듯이 완전히 민주화된 정당도 존재하지 않는다.[우리의 현행 헌법은 '정당의 조직과 활동이 민주적'이어야 한다고 규정하고 있다.(7조 2항) 이 헌법조항은 한국에서는 독재정권을 지향하는 정당을 배제한다는 뜻을 내포하고 있는 것으로 풀이된다. 그러나 그러한 헌법조항이 사실상 독재정권의 출현을 방지하는 데 아무런 도움이 되지 못한다는 것을 고려할 때 큰 의미를 부여할 수 없다. 그 조항은 깊이 따져보면 애매성(曖昧性)을 면할 수 없으며, 그 자체가 정당들의 성격을 일률적으로 규정하는 독단적인 조항으로서 집회와 결사의 자유를 존중하는 민주주의의 기본 철학에 역행하는 규정이라고 할 수밖에 없다. 가령 어느 유학자(儒學者)가 권위주의 정치철학을 앞세우며 한국에 '공자당(孔子黨)'을 만들이 민주주의에 반기를 들고 나선다면 우리는 헌법재판소를 통하여 그 당을 헌법에 위배된다는 이유로 불법화시킬 것인가? 대한민국이 진정한 민주국가라면 그럴 수는 없을 것이다. 그러한 헌법조항은 독재자들에 의하여 악용될 소지마저 안고 있음으로써 백해무익(百害無益)한 규정이라 하겠다. 현대의 독재자는 흔히 '진정한 민주'가 무엇이라는 것을 독단적으로 결정하고 '참된 민주주의'라는 위장된 명분으로 통치하기 때문이다. 우리의 헌법은 대한민국이 민주공화국임을 분명히 하고 있다. 이것은 집회결사의 자유와 의사표현의 자유를 존중한다는 원칙을 천명한 것이다.]

민주주의 국가에 있어서의 대부분의 정당들은 정도의 차이는 있지만 그들의 내부구조와 운영 면에 있어서 어느 정도의 민주적 면모를 보여준다. 그러나 그것이 정당의 본질이기 때문은 아니다. 그것은 당의 경쟁력을 높이기 위한 하나의 중요한 방책(方策)이 되기 때문이다. 이 점은 영리를 목적으로 하는 회사들이 일반 사원들의 사기를 북돋고 회사의 경쟁력을 향상시키기 위하여 사원들로 하여금 회사의 운영에 어느 정도까지 참여할 수 있도록 하는 경우와 같다. 사실, 회사가 민주적으로 운영되느냐 하는 문제는 소비자들에게는 관심 밖의 일이다. 삼성제품을 구입할 때 우리는 그 회사가 민주적으로 운영되고 있는지 묻지 않는다. 같은 맥락에서 정당의 민주화 문제 및 내부조직 문제는 일반 국민에게는 중요한 관심사가 아니다. 일반 국민에게 중요한 것은 그 정당이 그들을 위하여 무엇을 할 수 있는가 하는 점이다.

지난 수십 년 동안 한국의 정당정치는 일보의 진전도 없는 답보

상태(踏步狀態)에 놓여 있다. 선거 때마다 있던 정당들은 없어지고 없던 정당들이 새로 생긴다. 이러한 현상은 책임을 회피하려는 정치인들의 몸부림인 동시에 집권(執權)을 위해서는 수단방법을 가리지 않는다는 파렴치(破廉恥)한 자세인 것이다. 이것은 참으로 한심한 일이 아닐 수 없다. 더욱 한심한 것은 건전한 정당정치가 앞으로 한국에서 정착될 수 있다는 전망이 전연 보이지 않는다는 점이다.

대통령제는 건전한 정당책임정치의 발달을 불가능하게 만든다. 그것은 대통령제의 핵심 원리인 견제와 균형의 논리가 책임의 논리와 근본적으로 양립(兩立)할 수 없기 때문이다. 책임정치의 요체(要諦)는 집권당이 선거공약을 실현하는 데 있는 것이며, 집권당이 국민에 대한 약속을 이행하지 못하는 경우에 법적 책임이나 정치적 책임을 묻는 데 있는 것이 아니다. 정치인이나 정당이 불법행위를 범하지 않는 한 그들의 정치적 행위에 대하여 법적 책임을 물을 수는 없다. 그리고 책임을 다하지 못한 정치인을 다음 선거에서 낙선시킴으로써 정치적으로 벌(罰)을 주는 것도 국민에게는 현실적으로 큰 의미가 없는 일이다.

진정한 책임정치는 집권당이 약속된 정책과 공약을 이행함으로써 국민의 기대에 부응하는 것이다. 그렇게 함으로써만 선거의 진정한 의미는 살아나게 된다. 선거에서 승리한 당은 공약된 당의 정책에 따라서 통치하고 패배한 당은 반대의 입장에서 정부의 정책을 비판하고 대안을 제시하며 다음 기회를 기다리는 정치게임이 곧 진정한 의미의 정당책임정치라 할 수 있다.

여기서 핵심 포인트는 승리한 당이 선거공약을 지킬 수 있는 위치에 있어야 하며 실제로 지켜야 한다는 점이다. 만약에 집권당의 공약(公約)이 공허한 공약(空約)으로 변하고 실현되지 않는다면, 그 이유야 여하튼 선거의 의미는 반감(半減)되고 정당의 존재 이유는 대부분 상실될 수밖에 없다. 이것은 민주주의의 근간(根幹)을 흔드는 중대한 문제가 아닐 수 없으며, 견제와 균형의 논리에 입각하는 대통령제는 이 문제를 항상 안고 있는 것이다.

국민은 대통령과 의회를 선거를 통하여 선출하지만 대통령과 의회는 서로 상대방의 눈치를 볼 수밖에 없는 상황이 된다. 이러한 상황 속에서 책임정치의 논리는 설 자리를 잃게 되는 것이다. 그리고 국민은 무엇을 위하여 투표했는지를 알 수 없게 된다. 선거는 누가 통치권을 행사하느냐 하는 문제를 결정해 줄 뿐만 아니라 선출된 통치권자로부터 무엇을 기대할 수 있는가 하는 것을 결정해 주는 국가적 행사라 할 수 있다. 그러나 대통령제하에서는 국민은 통치권자를 결정해 줄 뿐이며 그 통치권자가 과연 무엇을 어떻게 할 것인가는 미지수(未知數)로 남게 되는 것이다. 이것은 결국 반쪽 민주주의밖에 되지 않는다. 책임정치를 구현하는 문제, 이것은 대통령제가 해결할 수 없는 가장 중요한 문제이다.

대통령제가 정치의 생산성 및 효율성을 불확실하게 만드는 문제와 대통령제가 정당책임정치를 불가능하게 하는 문제, 이 두 가지 문제는 대통령제 권력구조하에서는 치유(治癒)할 수 없는 대통령제의 근본적인 문제이다. 그리고 이 두 가지 문제는 뿌리를 같이하는 동일(同一)한 문제의 양면(兩面)이라 할 수 있다. 대통령제의 이론적 기반(理論的 基盤)을 이루는 견제와 균형의 정치논리는 정치의 생산성 및 효율성의 논리와 정치의 책임성의 논리를 거역하는 논리인 것이다.

3) 미국인의 미국 대통령제에 대한 비판의 목소리

미국 대통령제의 근본 문제점을 일찍이 간파하고 비판한 사람은 프린스턴 대학(Princeton University)의 총장을 지냈으며 미국의 제28대 대통령이었던 우드로 윌슨(Woodrow Wilson, 1856–1924) 박사였다. 그는 그의 저서 『의회정부론』(*Congressional Government*, 1885)에서 다음과 같이 말하고 있다.

> 미국의 연방정부는 권력이 분산되어 있기 때문에 힘이 없고, 관련된 기관이 너무 많이 있기 때문에 신속하지 못하며, 절차가 번거롭기 때문에 권력행사가 불편하며, 책임의 소재가 불분명하기 때문에 효율성이 없다.[6]

지미 카터(Jimmy Carter) 대통령의 법률고문을 지낸 로이드 커틀러(Lloyd Cutler) 씨도 윌슨의 생각과 같은 맥락에서 미국의 대통령제를 비판하고, 200년 전에는 긍정적으로 평가되었던 권력분립 및 견제균형의 원칙은 이제 재평가되어야 한다고 주장한다. 그는 의원내각제 국가에 있어서처럼 선거에서 승리한 당이 전체적으로 일관성 있는 정책을 수립하여 실시하고 그 성패에 대하여 국민에게 책임을 지는 제도가 바람직하다고 주장하며 미국 정치제도의 개혁을 촉구한다.[7]

대통령제에 대한 학자들의 비판은 참으로 신랄하다. 윌리엄 에벤

---

6) Woodrow Wilson, *Congressional Government*, 1885.

7) Lloyd Cutler, "To Form A Government", *Foreign Affairs*, Fall, 1980.

스타인(William Ebenstein) 교수는 몽테스키외의 권력분립론을 '정부의 마비와 무위(無爲)의 철학'(philosophy of governmental paralysis and do-nothing)이라고 혹평하였으며[8] 경제학자이며 미래학자인 피터 드러커(Peter Drucker) 역시 미국 정부가 크기만 했지 힘없는 병자(病者)라고 통렬하게 비판하며 보다 효율성 있는 정부를 촉구한다.[9] 아마도 가장 신랄하고 깊이 있는 비판자는 풀리처상(Pulitzer Prize) 수상자 제임스 번스(James McGregor Burns) 교수일 것이다. 그는 다음과 같은 통렬한 비판의 소리를 내고 있다.

>……그러나 대통령과 의회 사이의 한순간의 밀월이 끝나면 항상 그렇듯이 교착과 공전의 악순환이 다시 시작된다. 공전과 교착의 순환이야말로 정치적 문제에 대한 깊은 관심을 가진 사람들을 실망시키는 중요한 이유가 된다. 교착과 공전의 순환은 발작적인 정부를 낳으며 국가를 운영함에 있어서 필요한 리더십을 계속 공급할 수 없는 정치를 가져왔다…… 지체의 대가는 모든 분야에서 과도하다. 우리는 변화에 반응을 하여 온 것이지 변화를 지배한 것이 아니다. 우리는 연방정부와 주정부의 정책결정기관들로 하여금 그들에 대한 무거운 요구에 대응할 수 있게 하여 주지 못하고 있다…… 국내외에 있어서의 급변하는 경제와 사회는 정부의 행동에 있어서의 지체를 과거 어느 때보다도 훨씬 더 위험스럽게 만들고 있다. 우리 정치의 무용(無用)과 좌절에 대한 책임은 정치제도에 있지만 그 원천은 우리의 사고(思考)에 있다. 우리는 우리 자신의 정치적 이미지의 그림자와 우리의 지난날의 주문(呪文) 외는 소리에 의하여 최면상태에 빠져 있다…… 견제균형의 체제는 지체와 무력(無力)이라는 무거운 대가를 요구한다. 우리는 다수결 제도와 정당의 책임정치 속에 심어 놓은 강력한 균형 및 안전장치를 과소평가했다. 우리는 리더십으로 하여금 민주주의의 테두리 안에서 자유롭게 능력을 발휘할 수 있게끔 하지 않고, 오히려 리더십 발휘

---

8) William Ebenstein, *Great Political Thinkers*, 1969.

9) Peter F. Drucker, *The Age of Discontinuity*, 1969, pp.212-242.

를 훼방하고 산산조각으로 만들어 놓았다…… 미국의 정치제도는 우
리로 하여금 천천히 가게 만들었다. 여러 가지 여건이 잘 조화된 경우
에만 우리는 활력 있게 전진할 수가 있었다. 심지어는 가장 강력하고
유능한 대통령까지도 결국에 가서는 미국 정치제도의 주인이 되기보다
는 그 희생물이 되었다…… 미국의 정치제도는 승리한 당은 통치하고
패배한 당은 반대하며 비판하는 체제 대신 컨센서스와 연립에 의한 정
부를 강요한다. 정부에 대한 요구는 급속도로 쌓이고 있는데 미국의 정
치제도는 행동의 고삐를 꼭 붙들고만 있다.[10]

미국의 언론인들도 종종 비판의 소리를 낸다. 칼럼니스트인 찰스
크로데이머(Charles Krauthammer)는 '왜 미국 사람들은 정치인들을
미워하는가'(Why Americans Hate Politicians)라는 논제로 타임(*Time*)
지 논설에서 다음과 같이 말하고 있다.

지난 30여 년 동안 미국 정부는 구조적으로 생산성을 잃었다. 서구에
있어서는 분산된 정부는 가질 수 없는 사치이다. 그러나 미국에서는
닉슨(Nixon) 이후 그것이 보통이 됐다. 대부분의 지난 20년 동안 백
악관과 미국 의회는 서로 반대하고 거부하는 정당들에 의하여 지배되
어 왔다. 미국의 국부들은 견제와 균형에 중점을 둔 정부를 세웠는데
그것은 활동할 수 없는 정부가 독재에 대한 훌륭한 보루이기 때문이었
다. 그러나 지금은 견제와 균형이 지나치다…… 그 낭비와 무위(無爲)
는 작은 정부를 주장하는 제퍼슨주의적 정부에는 괜찮았다. 그러나 정
부가 모든 일에 관여하는 복지국가에 있어서는 그러한 낭비와 무위는
분노의 근원이 된다. 분열된 정부의 특징은 전면 무위가 아니면 분별
없는 절충이다.[11]

유독 정치인들의 입에서는 미국 권력구조에 대한 비판의 목소리

---

10) James McGregor Burns, *The Deadlock of Democracy*, 1963, 18 - 23.
11) *Time*, 1991. 12. 9.

를 들을 수 없다. 미국의 정치인들이 미국의 정치제도를 비판하지 않는 것은 그들이 현존 제도에 익숙해졌으며 개인적으로 현상유지에 만족하고 있다는 탓도 있겠지만, 무엇보다도 정치인으로서 미국의 대통령제를 비판함은 정치적 자살행위가 되기 때문이다. 대통령제의 속성과 문제점에 대하여 깊은 이해가 부족한 미국의 일반 대중은 아직도 그들의 국부들이 200여 년 전에 창안한 미국의 대통령제를 인간이 만든 가장 우수한 정치제도라고 믿고 있다. 그러한 상황에서 정치인이 일반 대중의 신조(信條)에 반하여 자국의 정치제도에 대한 비판의 목청을 높이는 것은 분명히 정치적 자살행위(自殺行爲)가 될 것이다.

대부분의 미국 정치인들은 대중을 설득하는 역할보다는 대중의 뜻을 받드는 일에 몰두한다. 필자가 어느 미국 대학에서 미국정부론(American Government, 美國政府論)을 강의하면서 권력분립 및 견제균형론에 대한 비판적 견해를 소개했을 때 학생들로부터 냉담한 반응이 오는 것을 느낄 수 있었다. 번스 교수의 말대로 아직도 미국의 대다수 국민은 지난 200년 동안 전해 내려오는 견제와 균형론의 주문(呪文)을 외우며 최면상태에 빠져 있는지도 모른다.

4) 한국 대통령제의 특성과 근본 문제

해방 후 지금까지 한국은 약 9개월간의 의원내각제 체험을 제외하고는(1960. 8 – 1961. 5) 원칙적으로 대통령제 권력구조를 유지해

왔다. 우리는 미국처럼 권력분립 및 견제균형의 원칙에 따라 입법부, 집행부 그리고 사법부가 각각 독립적으로 존속하도록 하고 그 사이에 중요한 견제와 균형의 제도적 장치를 마련해 놓음으로써 대통령제의 기본 틀을 견지(堅持)해 온 것이다. 대통령의 법률안 거부권, 의회의 예산심의결정권(豫算審議決定權), 국정감사권(國政監査權), 국무총리 임명동의권, 대통령탄핵소추권(大統領彈劾訴追權) 그리고 사법부(헌법재판소)의 법률위헌심사권(法律違憲審査權) 등은 우리 헌법에 명시된 중요한 견제균형의 제도적 장치들이다.

그러나 초기 한국의 대통령제는 외형상으로는 미국의 대통령제와 유사했지만 그 근본정신과 목적에 있어서는 미국의 대통령제와 본질적으로 달랐다. 미국의 대통령제가 권력을 분산시키고 입법부, 집행부 그리고 사법부로 하여금 서로 견제시킴으로써 전제정치를 방지하고 개인의 자유를 극대화(極大化)하는 데 주안점을 둔 권력구조라면, 한국 초기의 대통령제는 대통령을 중심으로 강력한 권력통합체제(權力統合體制)를 구축함으로써 신속하고 일관성 있는 정책수립을 가능하게 하는 데 주안점을 둔 권력구조였다. 즉 우리는 미국 대통령제의 기본 틀 속에 한국 특유의 제도적 장치를 설치함으로써 집행부로 하여금 사실상 독주할 수 있도록 만든 것이다. 유신제도(維新制度), 전국구의원(全國區議員) - 집권당 - 프리미엄제 등이 바로 그러한 한국 고유의 제도적 장치들이었다. 이러한 제도들은 어떻게 해서라도 집권당을 다수당으로 만들어서 대통령에 대한 의회의 지지를 확실하게 해야 한다는 강력한 의지(意志)의 표명이라 할 수 있다.

그 결과, 한국에서는 대통령제 권력구조의 핵심을 이루는 견제와 균형의 원칙은 무의미(無意味)하게 되고 대통령 중심의 권력통합 체제가 형성된 것이다. 다시 말하면 우리는 권력의 분산과 견제를 주목적으로 고안된 미국 대통령제의 틀 속에 민주주의 원칙에 위배(違背)되는 특수 장치를 설치함으로써 권력통합 체제를 구축한 셈이다. 이 점에서 우리의 자세는 이율배반적(二律背反的)이었다고 할 수 있다. 대통령제를 채택하면서 견제와 균형의 원칙을 사실상 외면하고 오히려 권력통합 체제를 지향했기 때문이다.

당시 우리가 취한 그러한 이율배반적 태도에는 나름대로 충분한 이유가 있었다. 18세기의 미국과는 시대적 배경(時代的 背景)이 판이한 20세기의 한국에서 소극국가관에 기반을 둔 미국의 대통령제가 액면 그대로 도입(導入)될 수 없었음은 어쩌면 당연한 일이었다고 사료된다. 긴급히 풀어야 할 국가적 과제가 산적(山積)해 있었던 신생 후진 한국의 입장에서는 생산적이며 능동적인 정부가 절실히 필요했기 때문이다. 다시 말하면 한국이 대통령제를 선택한 것은 미국에 있어서처럼 전제정치를 방지하고 개인의 자유를 최대한 보호하자는 데 그 목적이 있었던 것이 아니라, 대통령을 중심으로 강력한 권력통합 체제를 구축함으로써 산적(山積)한 민생 문제 해결(民生問題解決)을 위하여 적극적이며 일관성 있는 정책을 신속하게 수립하여 집행하지 않으면 안 된다는 판단에서였다. 자유(自由)보다는 민생(民生)을 앞세운 긴급대책이었다고 할 수 있다.

우리는 한편 권력분립(權力分立)의 원칙을 수용하여 집행부를 입법부로부터 독립시킴으로써 정부의 안정을 도모했으며, 다른 한편 권력집중의 현실적 필요에 입각하여 특별한 제도적 장치를 설치함으로써 견제와 균형의 정치를 우회적(迂廻的)으로 회피(回避)한 것이다. 권력분립의 원칙은 좋지만 견제와 균형의 원칙은 수용할 수 없다는 것이 당시 한국이 취한 입장이었다고 볼 수 있다. 그러므로 한국 초기의 독특한 대통령제 권력구조는 당시의 독특한 한국적 상황에 부응하기 위한 과도기적(過渡期的) 조처라고 해도 좋을 듯하다. 미국의 대통령제가 소극적인 정부를 목표로 한 권력구조라면 한국의 초기 대통령제는 능동적이며 적극적인 정부를 겨냥한 권력구조로서 근본적으로 서로 상반된 철학에 입각하고 있다.

이와 같은 현상은 제2차 세계대전 후 새로이 독립한 많은 신생 발전도상국(新生發展途上國)에서 흔히 볼 수 있는 현상으로서, 어떤 학자는 그러한 변질(變質)된 대통령제를 신대통령제(新大統領制, neo-presidential government)라고 부르고 미국의 대통령제로부터 구분한다.12) 신대통령제의 공통된 특징은 모든 권한이 대통령을 중심으로 통합된다는 점이다. 즉 대통령은 의회로부터 독립적으로 존속함으로써 의회에 대하여 정치적 책임을 지지 않으면서도, 정당, 파벌 또는 '회유' 등을 통하여 의회를 지배할 수 있게 된다. 그러므로 신대통령제하에서는 집행부-입법부 관계는 견제와 균형의 대등(對等)한 관계가 아니라 사실상의 주종관계(主從關係)로서 의회는 대통령의 시녀역할(侍女役割)을 하게 된다.

그러므로 신대통령제와 미국의 대통령제는 외형상으로는 서로 유사해 보이지만 본질에 있어서 근본적으로 다른 권력구조라고 할 수 있다. 미국의 대통령제가 권력분산을 주목표로 하는 권력구조라면 신대통령제는 권력의 통합을 주목표로 하는 권력구조로서 서로 상반되는 철학을 배경으로 하고 있다. 결국 견제와 균형의 원칙을

---

12) Karl Loewenstein, *Political Power and Governmental Process*, 1965.

주축으로 하는 미국의 대통령제가 발전도상국(發展途上國)들에 의하여 도입(導入)되면서 이른바 '죽음의 키스'를 맞이하고 정반대의 기능을 발휘하게 된 셈이다. 이것은 신생 후진국들의 정치사회적 현실에 기인하는 불가피한 제도상의 변질이라고 할 수 있다.

신대통령제하에서 대통령은 사실상의 독재자이지만, 그래도 신대통령제는 절대왕정체제(絶對王政體制)와는 달리 일반 국민의 참정권(參政權)을 인정하는 등 여러 가지의 민주적 요인들을 갖추고 있다. 또한 신대통령제는 집행부의 독주를 의미하지만 전체주의 독재체제(totalitarian dictatorship)와는 달리 복수 정당제(複數政黨制)를 허용하며 대중매체(大衆媒體)를 통한 국민의 사상적(思想的) 세뇌(洗腦)는 하지 않는다. 그리고 대부분의 신대통령제 국가들은 그들의 권위주의(權威主義)적 독재체제를 궁극적으로 민주국가 건설을 위한 과도기적(過渡期的) 현상이라고 주장하며 이해를 촉구한다. 이러한 여러 가지의 양상을 감안할 때 신대통령제는 준 민주주의(準 民主主義) 정부형태라고 하는 것이 공평할 듯하다.

한국에서 신대통령제가 영원히 지속될 수 없었음은 당연한 일이었다. 한국이 경제적으로 점차 부유해지고 정치, 사회적으로 민주화되면서 한국은 신대통령제의 탈을 벗을 수밖에 없게 됐다. 즉 집권다수당을 인위적(人爲的)으로 만들어 내기 위하여 고안된 유신제도와 전국구의원 – 집권당 – 프리미엄제 등 비민주주적 제도들이 마침내 폐지되기에 이르렀고, 1994년에는 속칭 '통합선거법'(공식 명칭은 '공직선거 및 선거부정방지법', 1994년 3월 16일 공포)이 제정됨으로써 그 동안 집권당이 누렸던 대부분의 특전(特典)이 사라졌다. 이로서 한국 역사상 처음으로 여와 야가 거의 대등한 입장에서 경쟁할 수 있게 된 것이다.

민주주의 국가에서 모든 정당들이 대등한 입장에서 공평하게 경쟁할 수 있어야 함은 당연한 일이지만, 그러한 일이 한국에서 현실로 나타난 것은 특별한 의미가 내포된 획기적인 정치사적 사건(政治史的 事件)이었다고 할 수 있다. 모든 정당이 공평하게 경쟁할 수 있게 된 시점을 기점(基點)으로 하여 한국 민주주의의 새로운 지평선(地平線)이 펼쳐지기 시작했기 때문이다. 즉 대한민국 출범 후 처음으로 여와 야가 대등한 입장에서 경쟁할 수 있게 됨으로써 여소야대(與小野大)라는 새로운 정치현실이 나타날 수 있게 되었고, 집행부와 입법부의 주종관계(主從關係)는 끝났으며, 진정한 의미에서 견제와 균형의 새 정치가 시작된 것이다.

이로써 한국은 지난날의 권력통합 체제를 포기하고 그동안 외면해 왔던 견제와 균형의 체제를 명실 공히 받아들인 셈이다. 이것은 한국이 신대통령제의 탈을 벗어버리고 본연(本然)의 미국형 대통령제를 답습하게 됐음을 의미한다. 이러한 체제상의 실질적 변화는 대한민국 출범 후 처음 있는 일로서 한국정치사상(韓國政治史上) 참으로 중대한 획을 긋는 사건이며 그것이 내포하는 정치적 의미는 크고 깊다. 우리는 그동안 이론상으로만 알고 있었던 권력분립 및 견제균형의 원칙이 본연 그대로 이 땅에서 현실화되는 것을 목격할 수 있는 감격스러운 시대를 맞이한 것이다.

그러나 이 시점에서 우리는 깊이 생각하지 않으면 안 된다. 견제와 균형의 정치는 우리에게 축복(祝福)이 아니라 저주(咀呪)가 될 수도 있기 때문이다. 정치적 후진성을 상징하는 신대통령제의 탈을 한국이 벗어버렸다는 사실은 우리 모두가 환영해야 할 일이다. 확

실히 그것은 한국 민주주의 발전의 결과로서 나타난 한국정치발전
사상(韓國政治發展史上) 분수령을 이루는 사건이다.

문제는 한국이 신대통령제의 범주에서 벗어나면서 미국의 견제
와 균형의 정치체제를 답습하지 않으면 안 됐다는 점이다. 이미 설
명한 바와 같이 견제와 균형의 정치체제는 정치의 교착 및 공전 가
능성이라는 심각한 문제를 수반함으로써 생산적이며 효율성 있는
정치와는 양립할 수 없을 뿐만 아니라 민주정치의 정수(精髓)라고
할 수 있는 정당책임정치와도 조화(調和)를 이룰 수 없다.

이것은 우리에게는 참으로 심각한 문제로 다가온다. 우리나라가
지금 처해 있는 국내외적 상황 속에서 한시라도 비생산적이며 비
효율적인 정부를 갖게 된다면 그것은 분명히 나라의 불행으로 이
어질 것이다. 견제와 균형의 대통령제 정치체제 속에서 한국 정치
의 미래는 참으로 암울하기만 하다. 그 속에서 한국의 정치는 생산
성을 잃고 침체상태에 빠지거나, 아니면 분별없는 타협의 정치만이
계속될 것이며, 진정한 의미의 정당책임정치는 이 땅에 영원히 뿌
리를 내리지 못하게 되고, 부정과 비리의 마수(魔手)는 끊임없이
정치인들을 유혹하고 종국에는 그들을 파멸로 유인할 것이다.(정치인
들의 부정부패문제와 대통령제와의 관계에 대해서는 '결론'에서 설명함.) 그러한
상황 속에서 한국 정치의 후진성(後進性)은 영속(永續)되고, 선진국
을 향한 우리의 꿈은 무산(霧散)될 수밖에 없다. 유독 정치부문에
있어서 한국이 지금까지 후진적인 면모를 탈피하지 못하고 있는
근본 이유는 한국의 정치인들에게 있는 것이 아니라 대통령제 권
력구조 그 자체에 있다. 분명코, 견제와 균형의 새 정치는 축복이
아니라 선진화를 가로막는 저주이다.

견제와 균형의 정치체제 속에서 생산적이며 효율성 있는 정치를 추구하는 방법은 없다. 그동안 한국의 대통령제가 대체로 높은 생산성을 발휘함으로써 국가발전에 크게 기여할 수 있었던 것은 대통령이 언제나 의회 다수의 지지를 확보할 수 있었기 때문에 가능했다는 사실을 우리는 간과(看過)해서는 안 된다. 그리고 대통령이 항상 의회 다수의 지지를 확보할 수 있었던 것은 우리가 인위적으로 다수집권당을 만들어 냈기 때문에 가능했다. 그러나 이것은 이제 불가능한 일이 됐다.(필자는 박 정권의 높은 생산성은 인정하나 박 정권의 효율성은 부분적으로만 인정한다. 정부의 생산성은 정책 산출능력을 기준으로 하여 결정되어야 할 문제이지만, 정부의 효율성 문제는 정부의 정책이 국민의 뜻, 기대, 요구 및 욕구를 충족함에 있어서 얼마나 효율적이었나 하는 것을 평가하는 문제임으로 그 두 가지 문제는 동일한 문제가 아니다. 대체로 독재정권들이 정책 산출능력은 뛰어나지만 그 정책의 내용 면에서 국민의 문제들을 해소함에 효율성을 발휘하지 못하는 경우가 허다하다. 그러나 다행스럽게도 17년 동안 지속된 박 정권은 그 효율성 면에서도 당시 국민생활에 있어서 가장 중시된 경제정책에 있어서 혁혁한 성공을 거둠으로써 높은 평점을 받을 수 있다고 믿는다. 다만 인권 및 언론 분야에서 국민의 욕구를 충족할 수 없었음은 박 정권의 흠점으로 남을 수밖에 없다.)

견제와 균형의 정치가 한국에서 현실화됨에 따라 한국 정치의 생산성은 불안정하고 불확실한 상태에 놓이게 됐다. 한국의 선진화라는 위대한 역사적 과제와 소명(召命)을 코앞에 두고 한국의 정치는 지속적이며 원만한 생산성을 유지할 수 없게 된 것이다. 국가발전을 지휘하고 선진화를 위한 원동력(原動力)을 공급하며 견인차(牽引車) 역할을 해야 하는 한국의 정치가 원만한 생산능력을 상실하게 된다면 한국의 미래는 어두울 뿐이다. 이것은 참으로 두려운 일이 아닐 수 없다.

자유와 권리를 보존하기 위하여 권력분립 및 견제와 균형의 정치체제가 필요하다는 주장은 이제 근거 없는 주장이다. 권력분립 및 견제와 균형의 체제가 개인의 자유와 권리를 보장하기 위한 필요불가결(必要不可缺)한 체제가 아니라는 것은 명약관화(明若觀火)한 일이다. 대부분의 선진국들이 권력융합원칙에 기반을 두는 의원내각제를 채택하고 있지만, 그들 나라에 있어서의 개인의 자유와 권리는 오히려 확대되고 있으며 축소되고 있지 않다는 사실은 이 점을 역력히 보여준다.

국민의 자유를 보장해 주는 것은 궁극적으로 권력구조나 법이 아니라 자유를 위한 국민의 투쟁의지(鬪爭意志)인 것이다. 아무도 국민 전체를 상대로 싸워서 이길 수는 없으며, 설혹 일시적으로 특수한 상황 속에서 전제정치가 가능하다 할지라도 국민의 뜻에 반하여 독재체제를 영원히 유지함은 불가능하다는 전망(展望, prospect)이 독재정권의 출현을 미연에 억지해 준다.

그러므로 자유를 위한 국민의 투쟁의지가 확고한 나라에는 독재자가 설 땅은 없다. 그러한 곳에서는 독재정권은 언제나 시한적으로 존재할 뿐이다. 독재자의 생명은 유한(有限)하지만 국민은 영원(永遠)히 존속하기 때문이다. 한국은 이미 자유의 분계점(分界點, threshold)을 지난 지 오래며, 앞으로 한국 국민이 자유를 위한 투쟁의지를 잃지 않는 한 시계바늘을 거꾸로 되돌릴 수 있는 상황은 다시는 없을 것으로 추정된다.

우리는 미국을 본보기로 대통령제가 좋은 제도라고 무조건 믿고 있는지도 모른다. 그러나 그러한 안일한 생각은 위험천만(危險千萬)한 생각이다. 만약 앞으로 한국이 대통령제하에서 견제와 균형의 정치를 계속 추구하게 된다면 미국의 경우보다 훨씬 더 나쁜 결과를 가져올 것이라 믿는다. 한국은 연방국가가 아닌 단일국가이며 한국의 정당들은 고도로 중앙집권화되어 있어서 교차투표의 가능성은 거의 없다. 이러한 상황에서 정치의 교착은 곧 정부의 무위(無爲)와 마비(痲痺)로 이어질 것이며 그 충격과 폐해는 미국에 비할 바가 아닐 것이다.

여기서 짚고 넘어가야 할 것은 우리가 권력통합체제로부터 견제와 균형의 권력분산체제로 돌입(突入)하게 된 것은 과연 우리의 의도적 선택(意圖的 選擇)인가 하는 점이다. 우리는 민주화 과정(民主化 課程)의 일환(一環)으로서 우리의 선거제도 속에 포함되어 있었던 비민주적 요인들을 점차적으로 제거하여 보다 공평한 선거제도를 확립했을 뿐이다. 그러나 그 결과로 권력구조상의 본질적 변화가 발생한 것이다.

필자는 선거법개정에 기인한 권력구조상의 실질적 변화(實質的 變化)는 하나의 '사건'(事件)으로 보아야 한다고 생각한다. 이미 지적된 바와 같이 권력의 통합을 목표로 하는 신대통령제와 권력의 분산 및 견제와 균형을 목표로 하는 미국의 대통령제는 상반된 철학을 바탕으로 하고 있다. 그럼에도 불구하고 우리의 정치체제는 하루아침에 소리 없이 극(極)에서 극(極)으로 변한 것이다. 어떻게 이런 일이 생길 수 있는가. 권력구조상의 본질적 변화는 신중한 검토 없이 조용하게 발생하기에는 너무나 중대한 국가적 사건이다.

유신제도가 폐기될 때, 전국구 의원 프리미엄제가 폐지될 때, 그리고 통합선거법이 제정될 때, 우리는 한국의 정치가 더욱 민주화될 것을 기대했을 뿐이며 권력구조를 근본적으로 바꾼다는 생각은 없었다. 즉 우리가 의도적으로 그리고 의식적으로 바꾼 것은 선거법이었지 권력구조가 아니었다. 아마도 우리는(지금까지는 견제와 균형의 정치를 몸소 실천한 적은 없지만) 미국 국민처럼 오랜 세월 동안 권력분립론의 주문(呪文)에 익숙하게 된 탓으로 대통령제 정치체제를 너무나 당연시하게 되고 무의식(無意識) 속에서 견제와 균형체제를 맹목적으로 받아들이고 있는지도 모른다.

여하튼, 지금에 와서 우리의 권력구조가 권력통합체제로부터 견제와 균형의 권력분산체제로 전환된 것이 의도적이었느냐 혹은 우연히 발생한 사건이었느냐 하는 것을 따지는 것은 사실상 중요치 않다. 중요한 것은 한국의 권력구조에 본질적 변화가 발생했다는 사실을 우리가 인지(認知)하고 그에 대처하는 일이다. 우리는 지금 나라의 미래(未來)를 담보로 불필요한 모험을 하고 있는 것이다. 사실, 우리의 정치체제가 견제와 균형의 체제로 전환된 지 얼마 되지 않은 오늘, 이미 우리는 한국 민주정치의 난항(難航)을 예고하는 어두운 그림자를 눈앞에 보고 있지만 그 근원이 무엇이며 그것이 내포하는 진정한 의미가 무엇인지를 포착(捕捉)하지 못한 채 헤매고 있는 듯하다. 이것은 참으로 안타까운 일이 아닐 수 없다.

한국이 선진국으로 도약하기 위해서는 우리는 항상 정치의 원만한 생산능력을 유지해야 한다. 그렇다고 한국이 과거로 돌아갈 수는 없다. 유신제도나 전국구의원－집권당－프리미엄제 같은 비민주적인 제도를 부활(復活)시킬 수도 없으며 '3당 통합'과 같은 극약(劇藥)을 반복해서 사용할 수도 없다. 그러한 행위는 국민의 뜻에 기반을 두지 않은 다수집권당을 인위적으로 창출해 내는 행위로서 민주주의 그 자체를 부정하는 결과를 초래하고 정부의 정통성(正

統性)을 흐리게 하는 행위가 되기 때문이다. 대통령이 의회의 지지를 받을 수 없는 상황이 도래할 때마다 변칙적(變則的) 방법을 써서 정치의 교착 문제를 해결하려는 자세는 결코 바람직하지 않다.

물론 대통령제하에서 대통령과 의회가 항상 대치상태에 빠지는 것은 아니다. 총선 결과 여대야소(與大野小)의 의회가 나타나면 대통령과 의회는 뜻을 같이하고 생산적인 정치와 효율적인 정부가 가능해진다. 그러나 문제는 여대야소의 의회가 언제나 보장될 수 있는 것이 아니라는 데 있다. 따라서 정치의 교착 및 공전 가능성 문제는 대통령제와 영원히 함께하는 문제가 된다.

04 의원내각제의 본질과 특성

의원내각제는 대통령제와 더불어 현대 민주주의 정부 형태의 양대(兩大) 유형(類型)을 이루고 있다. 대통령제의 원조(元祖)가 미국이라면 의원내각제의 원조는 영국이다. 미국의 대통령제가 미국의 특권층에 의하여 하루아침에 고안된 권력구조라면, 영국의 의원내각제는 수 세기에 걸쳐 많은 우여곡절(迂餘曲折)을 겪으면서 절대왕정(絕對王政, absolute monarchy)에 맞서 투쟁한 민주세력에 의하여 점진적으로 완성된 역사적 산물이다. 따라서 전자가 하향적(下向的)으로 주어진 정치체제라면 후자는 상향적(上向的)으로 쟁취한 정치체제라 할 수 있다.

이 두 제도를 각각 낳아준 두 나라에 있어서의 역사적 배경과 과정은 그 두 제도의 성격이 판이하게 다르다는 것을 시사(示唆)한

다. 이 두 정치제도가 '모든 권력은 국민으로부터 나온다.'는 민주
주의 기본원칙에 입각하고 있다는 점에서는 일치하지만, 그 두 제
도의 저변에 깔려 있는 국가관(國家觀), 통치철학(統治哲學) 그리
고 원리원칙(原理原則)은 판이하게 다르다. 어쩌면 대통령제와 의
원내각제 사이에는 동질성(同質性)보다 이질성(異質性)이 더 강하
게 흐르는지도 모른다.

대통령제가 '가장 작은 정부가 가장 좋은 정부'라는 소극국가관
에 그 기반을 두고 있으며, 국가권력의 절대성을 인정하지 않고,
권력분립 및 견제와 균형의 원칙하에 운영됨으로써 전제정치를 방
지하고 개인의 자유와 권리를 최대한 보호하는 것을 강조하는 권
력구조라면, 의원내각제는 국가권력의 법적 절대성(法的 絶對性)을
인정하고, 의회최고원칙(議會最高原則)과 권력융합(權力融合)의 원
칙을 기반으로 운영됨으로써 정부의 생산성, 효율성 및 책임성을
강조하는 권력구조라고 할 수 있다. 대통령제가 다수지배의 원칙에
중대한 제약을 가하며 정당책임정치를 거부하는 제도라면, 의원내
각제는 다수지배의 원칙에 충실하며 정당책임정치와 완벽한 조화
를 이루는 제도이다.

1) 의원내각제의 4대 원칙

우리가 대통령제의 본질을 이해하기 위하여 대통령제의 원조인 미국의 제도를 분석해야 하듯이 의원내각제의 속성을 이해하기 위하여서는 의원내각제의 원조인 영국의 정치제도를 분석의 기초로 삼을 수밖에 없다. 먼저 의원내각제의 이론적 기반을 이루는 의회최고원칙(議會最高原則), 권력융합원칙(勸力融合原則), 다수지배원칙(多數支配原則), 그리고 쌍두집행부체제원칙(雙頭執行部體制原則)을 간단히 설명한다. 이 원칙들은 의원내각제를 떠받치는 네 개의 기둥으로서 의원내각제를 이해함에 있어 핵심적 중요성을 지닌다.

(1) 의회최고원칙(The Principle of Parliamentary Supremacy)

의회최고원칙은 의원내각제 권력구조의 기본철학이 담긴 원칙이다. 그것은 주권재민사상(主權在民思想)의 제도적 현현(顯現)이라 할 수 있다. 아무리 민주주의라 할지라도 국민이 직접 통치하는 것은 사실상 불가능하며 바람직하지도 않다. 따라서 민주정치는 원칙적으로 대의정치(代議政治)를 의미한다. 주권자인 국민이 선거를 통하여 국민의 대표기관인 의회를 선출하면 의회는 정부를 구성하여 통치하게 된다. 즉 의원내각제하에서는 전체 '국민'이 축소되어 '의회'로 변신하는 셈이다. 의회최고원칙은 의회가 국민의 유일한 대표기관임을 명백히 해준다.

대통령제 국가에 있어서는 대통령과 의회를 모두 국민이 선출하기 때문에 어느 기관이 진정 국민을 대변하며 국가정책을 최종적으로 결정할 수 있는 권한을 가지는가 하는 물음에 대한 분명한 답이 없다. 그러나 대통령제 국가에 있어서와는 달리 의원내각제 국가에 있어서는 오직 의회만이 국민으로부터 통치권을 위임받는 유일한 국가기관이므로 의회가 당연히 법상 최고의 위치에 서게 된다. 영국의 의회는 "남자를 여자로 만들고 여자를 남자로 만드는 것 외에는 무엇이든지 할 수 있다."라는 말은 이 점을 극명하게 표현해 준다.(DeLolme) 따라서 대통령제 국가에 있어서처럼 권력이 분립되고 분산되어 서로 견제하는 현상은 없다. 이 점은 의원내각제를 대통령제로부터 차별화해 주는 가장 근본적인 특징이라 할 수 있다.

대통령제하에서는 주권자인 국민이 대통령과 의회를 각각 별도로 선출하므로 대통령과 의회는 서로 독립적으로 존속하고, 견제와 균형의 원칙에 따라 피차 상대방의 뜻을 좌절(挫折)시킬 수 있는 권한을 갖는다. 따라서 대통령과 의회, 그중 어느 한쪽이 법상 우위(優位)에 있다고 주장할 수는 없다. 어느 한쪽이 법적으로 우위에 있다고 주장하는 것은 결과적으로 견제와 균형의 원칙을 부정하는 논리가 되고 그것은 대통령제의 기본정신에 어긋나는 주장이 될 수밖에 없다. 다만 현대국가를 운영함에 있어서 현실적으로 집행부의 역할이 점점 더 중요하게 됨에 따라 대통령의 정치적 비중이 상대적으로 더 커지고 있는 것은 부인할 수 없는 사실이다.

의원내각제 국가에 있어서는 의회가 국민으로부터 통치권을 위임받는 유일한 국가기관이기 때문에 의회는 국가의 모든 정책을 최종적으로 결정하는 종착역(終着驛)이 된다. 따라서 의회를 통과한 법률안에 대하여 아무도 거부권을 행사할 수 없는 것은 당연하다. 다만 명문헌법(明文憲法)을 가진 의원내각제 국가에 있어서는 특별히 구성된 사법기관(司法機關)으로 하여금 법률위헌심사권(法律違憲審査權)을 갖도록 하는 경우도 있다. 그 중요한 예는 독일, 이태리, 일본 등이다. 이 나라들은 모두 제2차 세계대전 전에 전체주의(全體主義) 독재국가였던 탓으로 패전(敗戰) 후 독재의 재현(再現)에 대한 강력한 경각심(警覺心)을 권력구조에 반영하고 있다. 즉 이 나라들이 의원내각제 국가이면서도 사법부로 하여금 법률의 위헌 여부를 결정하게 한 것은 정치권(政治圈)에 대한 불신(不信)과 경계심(警戒心)을 반영한 것으로서 당시의 상황을 고려할 때 이해할 수 있는 일이다.

이러한 사례가 의회최고원칙과 어떻게 조화를 이룰 수 있는가 하는 물음에 대해서는 명쾌한 답이 없다. 독일의 경우에 헌법재판소의 판사들을 선정함에 있어서 의회의 뜻이 결정적 역할을 하게 하였으며, 헌법재판소에 대한 법규를 의회가 제정하고 개정할 수 있기 때문에 의회의 최고성은 파기되는 것이 아니라고 주장할 수도 있을 것이다. 그러나 국민의 유일한 대표기관이며 국가최고기관인 의회가 제정한 법에 대하여 국민의 뜻과는 무관하게 존속하는 사법기관(대개 10명 내외의 법관으로 구성됨)이 위헌판결을 함으로써 법을 무효화(無效化)할 수 있게 한 것은 의회의 최고성에 대한 중대한 제동(制動)이라 할 수밖에 없다.

명문헌법이 있는 한 그 헌법을 최종적으로 해석할 수 있는 권한을 가진 국가기관이 있어야 함은 불가피한 일이다. 다만 그 기관의 권한이 헌법의 해석과 집행에 그치지 않고 법을 무효화시키는 권한까지 포함한다면 그러한 사법기관의 권한은 이론상 의회최고원칙과 충돌을 면하기 어렵다 아니 할 수 없다. 그러나 실제에 있어서는 아직까지 그로 인하여 큰 문제가 발생한 나라는 없다. 그러한 권한을 가진 사법기관은 이른바 사법자제(司法自制)의 원칙을 준수함으로써 권력을 남용하지 않고 가능한 한 의회와의 정면충돌을 피하는 것이 중요하다고 사료된다.

의원내각제 국가에 있어서 비록 사법부가 법률위헌심사를 할 수 있는 권한을 가지고 있다 할지라도 실제로 사법부가 그러한 권한을 이용하여 국가의 정책결정에 능동적으로 참여하는 일은 없다. 이 점은 현재 미국의 대법원(大法院, The Supreme Court)이 '미국헌법의 수호자(守護者)'로서 법의 해석과 법률위헌판결을 통하여 국가의 정책결정에 능동적으로 참여하는 것과는 대조적이다. 명문헌법이 없는 영국의 경우에는 의회가 국가의 최고기관일 뿐만 아니라 법적으로 전능(全能, legal omnipotence)한 존재가 됨으로써 사법부의 법률위헌심사권이 인정되지 않음은 당연하다.(9명의 대법관으로 구성된 미국의 대법원이 입법부와 집행부가 합작하여 만든 법을 무효화시킬 수 있는 막중한 권한을 가지고 있다는 사실에 대하여 많은 비판이 있다는 것을 여기에 지적해 둔다. 그 비판의 초점은 그것이 민주주의 기본철학과 조화를 이루지 못한다는 것이다. 국민의 뜻과는 무관하게 선정된 몇 명의 판사들로 하여금 법률위헌심사라는 엄청난 권한을 행사할 수 있게 한 것은 민주주의의 기본원칙에 역행(逆行)하는 처사라는 것이다. 그러나 미국의 국부들은 국가의 주요 기관인 입법부, 집행부, 사법부 중에서 사법부가 가장 작은 부이며 힘이 없는 부이기 때문에 견제와 균형의 원칙에 입각하여 사법부에게 법률위헌심사권이라는 막중한 권한을 부여해도 그것이 국민의 자유에 위협이 되지는 못한다는 논리에 입각하여 그렇게 한 것이다. 또한 미국의 대법원은 미국이 연방국가라는 특수한 상황에서 주정부나 혹은 지방정부의 법에 대한 위헌판결을 통하여 인권을 보호하고 인종차별정책을 퇴치하는 데 중요한 역할을 해 온 것은 긍정적으로 평가된다.)

의원내각제하에서 집행부는 의회로부터 독립하여 존속할 수 없다. 이것은 의회최고원칙의 논리적 귀결(歸結)이라 할 수 있다. 즉 수상(首相)과 내각(內閣)은 언제나 의회의 신임(信任, confidence)을 바탕으로 하여 존속한다. 일반적으로 총선에서 승리한 당의 당수가 수상으로 임명되고 수상은 내각을 구성하여 통치에 임하게 된다. 영국의 경우, 국왕(國王)이 공식적으로 수상을 임명하지만 국왕의 재량권은 없다. 국왕은 반드시 하원(下院, The House of Commons)의 다수당의 당수(黨首)를, 다수당이 없는 경우에는 연립내각(聯立內閣, coalition government)을 이끌 수 있는 사람을 수상으로 임명해야 한다.

영국의 상원(上院, The House of Lords)은 주로 세습적으로 물려받은 종신직 귀족(終身職貴族)들로 구성되며, 하원에서 통과된 법안을 시한적으로 지연시킬 수 있는 권한은 보유하지만 하원의 결정을 뒤집을 수 있는 권한은 없다. 영국의 상원은 전통의 상징으로서 사실상 자문의 역할을 수행할 뿐 정치적 실권은 거의 없다. 상원의원 중에는 9명의 종신직 법관이 포함되며 그들은 영국 최고의 항소법정(抗訴法廷, The Court of Appeal)을 구성할 뿐이다.

의원내각제하에서는 내각의 존립이 의회의 신임에 의존하므로 수상과 내각은 그 모체인 의회에 대하여 정치적으로 연대책임(the collective responsibility principle)을 진다. 따라서 의회가 내각에 대하여 불신임결의(vote of non‐confidence)를 하거나 혹은 그에 해당하는 행위를 보였을 때는 내각이 총사퇴하거나, 아니면 수상은 의회를 해산하고 총선거를 실시하여 국민의 최종 판정을 구해야 한다. 불신임에 해당하는 행위로서는 내각이 제출한 중요한 법률안을 부결시키는 것 등이다.

그러나 사실상 의회의 다수지지를 바탕으로 하여 선임된 수상에 대하여 같은 의회가 내각불신임결의를 한다는 것은 거의 없는 일이다. 다만 집권당 내부의 심각한 분열(分裂)로 인하여 수상이 의회 다수의 신임을 잃게 되는 상황이 발생할 수 있으나 그것은 예외적인 특수한 경우에 속한다. 집권당 내의 분열은 집권당으로서는 정권을 포기하는 정치적 자살행위나 다름이 없기 때문에 집권당의 중진(重鎭)들은 분열보다는 보통 타협을 선택한다. 그리고 집권당 내부의 타협과 화합이 이루어지는 한 내각에 대한 의회의 불신임결의는 불가능하다. 제2차 대전 후 지금까지 60여 년 동안 영국의 내각이 의회의 불신임으로 무너진 일은 한 번도 없었다는 사실은 이 점을 잘 보여주고 있다.

그러므로 건전한 의원내각제 국가에 있어서 의회의 내각불신임권은 능동적으로 사용되는 권한이 아니라, 사실상 거의 사용되지 않는 예비적 무기(reserve weapon)일 뿐이다. 독일의 경우, 의회가 수상에 대하여 불신임 결의를 하기 위해서는 반드시 새 수상을 먼저 선출해야 한다. 이러한 제도는 의회의 경솔한 행동을 막고 정부의 공백(空白)을 예방하기 위한 조처로서 지혜로운 발상이라 하겠다. 학자들은 이것을 건설적 불신임결의(建設的 不信任決議, constructive vote of non-confidence)라고 부른다.

의원내각제 국가에 있어서의 총선은 국민이 정부와 집권당에 대한 심판을 하는 계기가 되는 동시에 수상과 의회 사이의 갈등과 충돌을 해소하기 위한 제도적 방편(方便)이기도 하다. 수상이 의회의 신임을 받지 못하는 경우에는 수상은 지체 없이 총선을 실시하거나, 아니면 사퇴해야 한다. 총선결과에 따라 수상의 진퇴 문제가 결정되고 입법부와 집행부가 다시 하나가 되는 것이다. 그러므로 의원내각제 국가에 있어서는 입법부와 집행부 사이의 충돌은 총선을 통하여 지체 없이 해소되고 정치의 교착(膠着)과 공전(空轉)은 예방된다.

이 점에 있어서 의원내각제는 그 운영 면에서 대통령제와 근본적으로 다르다. 그리고 이 점은 정부의 생산성 및 효율성을 확보함에 있어서 치명적 중요성을 지닌다. 총선을 통하여 표명된 국민의 뜻을 구현하기 위해서는 입법부의 다수와 집행부가 항상 행동을 함께해야 한다는 기본철학이 제도화된 것이라 할 수 있다. 의원내각제는 전제정치를 방지하기 위하여 입법부와 집행부가 분리 및 독립되어야 한다는 주장을 거부하는 것이다.

수상은 의회의 불신임결의가 있을 때는 물론 불신임결의가 없을 때라도 필요하다고 판단되면 언제라도 의회를 해산하고 총선을 실시할 수 있는 권한을 보유한다. 수상은 의회 내의 여당 세력을 확충할 필요가 있다고 느낄 때 혹은 중요한 정책을 수행하기에 앞서 국민의 지지를 확인할 필요가 있다고 느낄 때 등 필요하다고 판단되면 적절한 시기를 선택하여 의회를 해산하고 총선거를 실시할 수 있는 권한을 가진다. 단, 총선 후 1년 내에는 의회를 해산할 수 없으며 총선 없이 5년을 넘길 수는 없다.

수상의 의회해산권(議會解散權)은 집행부와 입법부 사이의 충돌을 해소하기 위한 제도적 방편이기도 하지만, 또한 의회의 내각불신임행위에 대한 강력한 억지책(抑止策)으로서의 의미도 지닌다.

즉 수상의 의회해산권은 의회의 경거망동(輕擧妄動)을 방지하고 정부의 안정을 기함에 크게 이바지하는 동시에 수상의 강력한 정치적 리더십을 뒷받침해 주는 막중한 권한이 된다.

총선을 각오하지 않고서는 의회는 내각에 대하여 불신임 행위를 보일 수 없다. 그러므로 의원내각제하에서 의회가 내각에 대하여 반기(反旗)를 드는 행위는 의원들 모두에게 큰 모험과 부담을 수반한다고 할 수 있다. 의회의 내각불신임결의는 필연적으로 수상의 의회해산권을 발동시키고 총선을 불가피하게 만들기 때문이다. 비록 야당이라 할지라도 총선은 항상 달가운 것만은 아니다. 총선은 야당에게는 정권을 잡을 수 있는 기회이기도 하지만, 반면 선거결과 야당의 의석이 현재보다 감소될 수도 있다는 부담을 수반한다. 특히 중진 의원들을 제외한 일반 평의원(back-bencher)들에게는 여와 야를 막론하고 자신들의 당락 여부가 달려 있는 총선은 항상 큰 심적 부담을 수반한다. 따라서 의회의 내각불신임행위는 신중에 신중을 기할 수밖에 없다.

이 점에 있어서 의원내각제는 대통령제와 근본적으로 다르다. 대통령제하에서는 의회와 대통령은 각각 일정한 임기를 가지고 독립적으로 존속하며 대통령은 의회해산권이 없기 때문에 의회는 여와 야를 막론하고 큰 부담 없이 대통령에 대하여 언제라도 항거할 수 있는 입지에 있는 것이다. 따라서 대통령의 입지는 극도로 약화될 수 있으며 그의 정치적 리더십은 곤경(困境)에 빠질 수 있다. 그러나 의원내각제하에서는 그러한 일은 발생하지 않는다. 의회와 집행부 사이의 갈등과 충돌은 수상의 의회해산권 발동을 통하여 지체 없이 해소되기 때문이다.

비록 수상이 의회해산권과 같은 막중한 권한을 가지고 있다고 해도 수상의 법적 지위(地位)가 의회의 지위를 능가하는 것은 아니다. 의회해산 후 총선이 끝나면 결국 수상의 진퇴는 새로이 구성되는 의회의 신임 여부에 달렸기 때문이다.

(2) 권력융합의 원칙(The Principle of Fusion of Powers)

국가의 통치기관이 서로 분립되고 권력이 분산되어 서로 견제하는 대통령제 국가에 있어서와는 달리, 의원내각제 국가에 있어서는 입법권과 집행권이 융합(融合)되어 내각(內閣)에 집결된다. 이것은 의회최고원칙으로부터 파생되는 논리적 귀결(歸結)이라 할 수 있다. 의원내각제 국가에 있어서는 입법부가 정부의 수반(首班)인 수상을 선출하고 수상은 내각을 구성하여 통치에 임한다. 그러므로 의원내각제하에서는 입법권과 집행권이 사실상 내각을 중심으로 융합되는 것이다.

의원내각제하에서는 의회 다수당의 당수가 수상(首相)으로 선임되고, 내각은 주로 집권당의 중진들로 구성되며 언제나 의회의 신임을 바탕으로 존속함으로써 사실상 모든 권력이 내각에 집결된다. 따라서 내각은 모든 정책을 구체화(具體化)하고 국사를 일사불란(一絲不亂)하게 처리할 수 있는 위치에 있게 되는 것이다. 내각의 결정은 곧 의회의 의결로 이어지며 의회의 의결은 곧 국가의 정책이 된다. 의원내각제 국가에서 정부의 높은 생산성을 기대할 수 있는 근본 이유는 바로 여기에 있다. 항상 의회 다수의 지지를 배경으로 하여 내각을 구성하고 정부를 이끄는 수상의 리더십은 참으로 강력할 수밖에 없다.

　반면, 대통령제하에서는 입법부와 집행부가 상호 독립적으로 존속하므로 종종 권력의 통합은 사실상 불확실하다. 여당이 다수당일 때, 그리고 집권당의 내부 결속력이 강하고, 또한 집권다수당이 대통령을 지속적으로 지지할 때에만 대통령은 강력한 리더십을 발휘할 수 있게 된다. 그러나 여당이 의회의 다수를 지배할 수 없는 경우에는 대통령의 리더십은 약하고 불안정하게 되어 야당과의 타협을 통해서만 정책수립이 가능하게 된다. 또한 미국의 경우 내각의 구성 및 존속은 사실상 의회의 신임과 무관하며 의회의 의원은 내각의 일원이 될 수 없음으로써 집행부와 입법부를 연결해 주는 인적 교량(人的 橋梁)은 존재하지 않는다.(이 점에 있어서 한국의 경우는 이색적(異色的)이라 할 수 있다. 한국은 대통령제 국가이지만 국회의원들이 내각의 구성원이 되는 사례를 종종 볼 수 있다. 그러나 이것은 원칙적으로 권력분립의 원칙에 위배되며 대통령제의 근본정신에 반하는 처사라 아니 할 수 없다. 한국에 있어서의 이러한 처사는 서로 독립적으로 존속하는 집행부와 입법부 사이의 관계를 조금이라고 밀접하게 만듦으로써 상호공조체제(相互共助體制)를 구축하기 위한 방편으로 풀이된다. 그러나 한국의 정당들은 중앙집권화되고 내부의 결속력이 강한 편이어서 의회에서의 교차투표의 가능성은 거의 없고 집권당 내의 이탈표도 거의 없는 상황이다. 그러한 상황에서 국회의원을 내각의 구성원으로 만든다고 해서 특별히 얻을 수 있는 것은 없다고 사료된다. 그러므로 국회의원이 내각의 구성원으로 겸직하는 것은 큰 의미가 없다. 우리가 진정 집행부－입법부 간의 밀접한 공조체제를 원한다면 의원내각제를 채택함으로써 모든 권력이 내각에 융합되도록 하는 것이 보다 합리적일 것이다.)

　현대국가를 운영함에 있어서 정부의 생산성 및 효율성 문제는 국가의 흥망성쇠(興亡盛衰)와 직결되는 중대한 문제이다. 정부의 생산성 및 효율성이 원만하지 못할 때에 나라가 원만하게 발전하는 것을 기대할 수는 없다. 정부의 생산성 문제는 곧 입법부-집행부 관계에 관한 문제가 되고 권력통합에 관한 문제가 된다. 입법부와 집행부가 따로따로 행동하는 한 정부의 원만한 생산성은 기대할 수 없다. 그러므로 이 문제는 우선 제도의 문제이며 그 다음으로 정치적인 문제가 된다. 제도적으로 입법권과 집행권이 융합될 때 정치적 통합은 쉽게 이루어질 수 있으나, 그 둘이 독립적으로 존속할 때 정치적 행동 통일은 그만큼 어려워진다. 여기에 제도의 중요성이 있다. 우리는 대통령제를 채택함으로써 권력을 분산시켜 놓고 현실적 필요 때문에 정치적 통합을 추구하는 모순 속에서 국가를 운영하고 있는 셈이다.

그러나 의원내각제는 입법부와 집행부 사이의 제도적 융합을 기초로 하기 때문에 의원내각제 국가에 있어서는 양부(兩部) 사이의 정치적 통합이 쉽게 달성되며 그 두 기관이 항상 하나가 되어 행동한다. 즉 내각이 의회의 집행위원회(執行委員會)와 유사한 입장에서 행동한다고 말할 수 있다. 의원내각제 국가에서 대통령제의 고질병인 정치의 교착 및 공전현상이 발생하지 않는 것은 바로 이 때문이다.

생각건대, 입법부와 집행부 사이의 공조(共助)를 확실하게 하기 위한 유일한 방법은 의회로 하여금 정부를 구성하게 하는 것이다. 민주국가에서 집행부로 하여금 입법부를 구성하게 할 수는 없기 때문이다. 대통령제하에서는 총선 결과 여대야소의 의회가 구성되는 요행(僥倖)을 기다릴 수밖에 도리가 없다. 이러한 방식은 불확실성과 모험을 내포하며 국가의 미래를 건 불필요한 도박이라 할 수 있다.

대통령제 국가에 있어서는 대통령과 의회가 대치(對峙)하고 있을 때 대통령은 의회를, 의회는 대통령을 서로 비난하며 상대방에게 책임을 전가하려는 현상을 흔히 볼 수 있는데, 그러한 현상은 권력이 융합되어 책임의 소재가 항상 분명한 의원내각제 국가에 있어서는 나타나지 않는다. 의원내각제 국가에 있어서의 내각은 총선을 통하여 표명된 국민의 뜻에 그 존재 기반을 둠으로 민주성을 지니며, 항상 의회 다수의 신임을 배경으로 하여 존속하므로 생산적일 수 있고, 모든 권력이 그곳에 집결되기 때문에 책임의 소재가 분명하다. 내각은 명실(名實) 공(共)히 국가의 심장부(心臟部)로서 민주성, 생산성, 효율성 및 책임성의 결정체(結晶體)라 할 수 있다.

따라서 의원내각제 국가에 있어서 수상의 입지는 참으로 특별하다. 수상은 집권당의 제1인자인 동시에 의회와 내각의 1인자이자, 정부의 수반(首班)으로서 국가의 1인자가 된다. 국가의 모든 권한은 내각에 집결되고 수상은 내각을 통괄하는 위치에 있음으로써 그는 누구보다도 강력한 정치적 리더십을 발휘할 수 있는 입장에서 있다. 우리의 일반 상식과는 달리, 대통령제 국가에 있어서의 대통령보다도 의원내각제 국가에 있어서의 수상이 훨씬 더 강력한 리더십을 발휘할 수 있는 입지에 있는 것이다. 왜냐하면 수상은 항상 의회 다수의 지지를 배경으로 하고 있으며, 의회를 해산하고 총선을 실시할 수 있는 권한을 가지지만, 대통령에게는 의회 다수의 지지가 보장되어 있지 않으며, 의회를 해산하고 총선을 임의(任意)로 실시할 수 있는 권한도 없기 때문이다. 미국 대통령의 미국 의회에 대한 의존도(依存度)는 영국 수상의 영국 의회에 대한 의존도보다 훨씬 더 크다는 사실은 영국 수상의 리더십이 더욱 강력함을 말해 준다.13)

---

13) Robert Dahl, *Democracy in the United States*, 144

의원내각제 국가에서 모든 권력이 수상과 내각에 집결되어 있다면 의회의 역할은 무엇인가? 그것은 정부가 제안하는 법안을 통과시키는 이른바 통법부(通法部)의 역할에 불과한 것인가? 의회에 있어서의 모든 진행은 내각의 제안을 승인하고 그에 법적 효력을 부여하는 형식적인 공인절차(公認節次)에 불과한 것인가? 정부가 풀어야 할 모든 국가적 과제들이 서로 연관되어 있으며 모든 분야에 있어서의 정책수립과 집행이 전문적 지식을 요하는 현대 산업사회에 있어서 전문성(專門性)과는 무관한 의회가 설 땅은 과연 있는 것인가? 이러한 질문들은 현대 의회민주주의(議會民主主義)에 관하여 제기되고 있는 근본적인 질문들이다.

복잡다단한 현대 산업사회에 있어서의 합리적인 정책수립은 각 분야에 있어서의 전문인(관료 포함)들의 지식과 그들의 지속적인 조사와 연구의 뒷받침을 필요로 하는 것이 사실이다. 그러므로 중요한 국가정책의 수립과 중요한 법률의 입안(立案)은 모두 집행부에서 하게 된다. 그것은 집행부가 관료와 전문인들을 통괄하는 위치에 있기 때문이다. 수백 명의 국민의 대표들로 구성된 의회는 경제, 사회, 문화, 예술, 외교, 군사, 교육, 과학, 보건 등 모든 주요 분야에 있어서 합리적인 국가정책수립을 위한 충분한 지식, 정보 및 분석능력 등 제반 여건을 구비하고 있지 않다.

따라서 의회의 주된 역할은 정책을 세우고 법을 입안하는 데 있는 것이 아니라 내각이 제출한 정책과 법안을 검토하고, 국민 앞에서 공개토론(公開討論)을 벌이며, 법안을 최종적으로 매듭짓는 일이다. 수많은 국민대표들로 구성된 의회에서의 토론은 그 질(質)과 내용에 있어서 자연히 한계가 있을 수밖에 없다. 사실상 의회에서의 토론은 다음 총선을 의식하며 행하는 여야 간의 공방전(攻防戰)에 불과하며 토론 결과에 따라 정부의 정책이 좌우되는 것은 아니다. 야당의 역할은 정부의 정책을 비판(批判)하고 대안(代案)을 제시하는 데 있으며, 정부의 정책이 구현될 수 없도록 견제, 저항 혹은 '투쟁'을 하는 데 있는 것이 아니다.

건전한 민주주의 국가에서 야당의원들이 여당과 정부의 정책을 좌절 혹은 저지하기 위하여 물리적 힘을 동원하거나 장외투쟁(場外鬪爭)을 벌이는 일은 있을 수 없다. 그러한 행동은 자신들이 지켜야 할 민주주의제도 그 자체를 짓밟는 행위가 되기 때문이다. 민주국가의 정부는 선거를 통하여 표명된 국민의 뜻에 그 궁극 존립기반이 있다고 추정(推定)된다. 그러므로 선거에서 패배하여 국민으로부터 통치권을 위임받지 못한 야당은 여당과 정부의 정책을 존중할 의무가 있다. 그것이 국민의 뜻이기 때문이다. 그렇지 않는 한 불법투쟁의 악순환(惡循環)은 여야가 바뀌었을 때도 반복됨으로써 결국 민주정치는 실종(失踪)되고 말 것이다.

야당의원들은 반대하고 비판하는 자유와 권리를 가지고 있는 반면 헌정질서(憲政秩序)와 제도(rules of the game)를 존중해야 하는 의무와 책임도 진다. 유리하면 지키고 불리하면 깨는 자세는 건전한 민주정치와는 양립(兩立)할 수 없다. 규칙 없는 축구경기가 불가능하듯이 규칙 없는 민주정치 또한 불가능하다. 야당의 주역할은 냉철하게 정부의 정책을 비판하고 대안(代案)을 제시하는 일이며 점거농성이나 데모 혹은 물리적 힘을 동원하여 장 내외에서 여당의 정책에 대하여 반대 투쟁을 전개하는 일이 아니라는 것은 한국의 정치인들이 특별히 유념해야 할 점이라 믿는다. 선거에서의 패자, 즉 야당은 국민의 심판을 겸허하게 받아들이고 승자, 즉 여당의 통치권을 인정하며 여당의 정책을 비판은 하되 존중하는 것이 결국 국민의 뜻을 존중하는 일이 되며, 이것은 선진정치의 첫걸음이라 할 수 있다.

의회는 의회의 전문성에 있어서의 약점을 보완하여 집행부에 대항하기 위하여 위원회(委員會, committees)의 역할을 강화하기도 하고 각 분야에 있어서의 전문인들의 도움을 활용하기도 한다. 그러나 그 규모와 전문성의 수준에 있어서 집행부와 비교할 수 없을 정도로 열등(劣等)한 것이 현실이다. 이것은 어쩔 수 없는 일이며 또한 당연한 일이기도 하다. 입법부의 전문성이 집행부의 그것과 맞수가 되어 아웅다웅하는 것은 반드시 바람직한 일이라고 할 수도 없다. 그것은 집행부 내부에서 이미 거친 과정을 반복하는 일이 되고 고급인력의 낭비가 될 수 있다. 여기서 중요한 점은 의회와 대통령이 수많은 정책 문제들을 처리함에 있어서 각 분야에 있어서의 전문적 지식을 가진 사람들의 의견에 의존할 수밖에 없다는 점이다.

그러나 국민의 대표들로 구성된 의회가 전문성이 결여됐다고 하여 의회의 존재가치(存在價値)가 비하(卑下)되는 것은 결코 아니다. 의회는 전문적 지식을 추구하고 정책을 연구하는 장소가 아니라, 민주주의의 전당(殿堂)으로서 국민을 대신하여 나라가 가는 방향(方向)을 최종적으로 결정짓고, 국가가 창출한 부(富)를 재분배(再分配)하기 위하여 존재하는 국가 최고의 정책법정(政策法廷)이라 할 수 있다. 의원들은 그 법정의 배심원(陪審員)으로서 정책판결에 참여하는 선출된 '보통사람'이라고 해도 좋으리라 믿는다. 그러므로 의회의 존재가치는 민주주의 그 자체만큼이나 소중하다.

현대 산업사회에 있어서의 전문인들의 역할은 대단히 중요하지만, 우리는 전문인들이 지배하는 관료정치(bureaucracy)나 테크노크라시(technocracy)를 원치 않는다. 관료정치나 테크노크라시는 보통 사람의 가치(價値, values)를 무시하고 맹목적일 수 있으며 가공(可恐)할 결과를 초래할 수도 있기 때문이다. 전문적 지식이나 기술은 오로지 인간적 목적들을 달성하기 위한 수단으로서 이용되어야 하며 인간을 지배하는 주인이 되어서는 안 된다. 만약 그들이 정치의 상위(上位)에서 정치를 지배하는 상황이 발생한다면 그것은 주객(主客)이 전도되는 것으로서 민주정치의 종말(終末)을 의미할 것이다.

의원내각제의 중추(中樞)를 이루는 의회최고원칙과 권력융합의 원칙은 정부로 하여금 국가적 문제들을 능동적이며 적극적으로 공격할 수 있게 해 준다. 이 점은 소극적인 정부를 지향하는 대통령제와 대조적이라 하겠다. 미국의 허버트 스피로(Herbert Spiro) 교수가 정부의 효율성(efficiency)과 책임성(accountability) 면에서 영국의 의원내각제가 미국의 대통령제에 비하여 우월한 제도라고 논하고 있는 것은 바로 이러한 연유에서이며, 이것은 우리가 주목해야 할 점이다.14)

(3) 다수지배의 원칙(The Principle of Majority Rule)

의원내각제 국가에 있어서 의회의 법적 최고성(法的 最高性)은 결국 의회 다수(議會多數)의 법적 최고성을 의미한다. 따라서 의원

---

14) Herbert Spiro, *Government by Constitution; The Political Systems of Democracy*, 1959.

내각제 국가에 있어서 의회 다수의 뜻을 저지하기 위한 제도적 수
단은 존재할 수 없다. 대통령제는 다수지배(多數支配)의 원칙에 중
대한 제약(制約)을 가하지만 의원내각제는 다수지배원칙을 철저히
수용한다. 대통령제 국가에 있어서와는 달리 의원내각제 국가에 있
어서는 의회의 과반수 찬성으로 통과된 법률안은 예외 없이 법률
로서 확정되며 그에 대하여 거부권을 행사할 수 있는 사람이나 기
관은 존재하지 않는다. 다시 말하면 의회 다수의 뜻이 곧 국가정책
이 되는 것이다. 이 점은 대통령제와 의원내각제를 운영 면(運營
面)에서 차별화해 주는 가장 중요한 요인(要因)이다.

　이것은 대단히 중요한 의미를 내포한다. 영국 민주정치의 본질
(本質)이 견제와 균형에 있는 것이 아니라 다수지배의 원칙에 있음
을 분명히 말해 주는 대목이기 때문이다. 전제정치의 방지라는 명
분하에 다수지배의 원칙에 중대한 제약을 가하는 대통령제는 결국
다수도 소수도 통치할 수 없는 애매모호(曖昧模糊)한 상태를 유발
시킴으로써 책임의 소재를 불투명하게 만들고 정부의 생산성과 효
율성을 지극히 저조하게 할 수 있다. 그러나 의원내각제는 다수지
배원칙에 충실함으로써 그러한 문제를 원천적으로 해소해 준다.

　민주정치의 초석(礎石)이라고 할 수 있는 다수지배원칙은 다수가
소수보다 현명하다거나 혹은 다수가 항상 옳다는 전제 위에 서 있
는 것이 아니다. 사실 '다수'라는 말은 양(量)적 개념으로서 질(質)
적 면에서는 부정적 이미지를 줄 수 있는 것이 사실이다. 그리하여
고대 그리스의 정치 철학자 플라토(Plato)는 다수의 어리석음을 걱
정하여 철인독재(哲人, philosopher king)의 타당성을 주장하기도 했
다. 또 어떤 정치 사상가는 다수에 의한 전제정치는 소수에 의한

독재보다 개인의 자유에 대하여 더욱 심각한 위협이 된다고 경고한다. 특히 19세기의 프랑스 정치사상가 토크빌(Alexis de Tocqueville, 1805 - 1859)의 생각은 이색적이다. 그는 절대군주의 권력은 순수한 물리적 힘으로써 신민의 행동만을 규제하고 신민의 의지(意志, will)는 정복하지 못하지만, 민주주의 국가에 있어서의 다수는 물리적 힘뿐만 아니라 동시에 도덕적 힘을 소유함으로써 개인의 행동뿐만 아니라 의지에도 작용하여 모든 경쟁과 논쟁을 억누른다고 논한다.[15]

분명히 다수가 소수보다 현명하다거나 혹은 다수가 항상 옳다고 주장할 수는 없다. 그럼에도 불구하고 우리가 다수지배의 원칙을 받아들여야 하는 근본 이유는 무엇인가? 인간이 행복을 추구하는 이기적 동물이며, 모든 인간의 인간으로서의 권리와 존엄성은 평등하고, 민주정치의 궁극 목적이 '최대다수(最大多數)의 최대행복(最大幸福)'을 추구함에 있다면, 소수의 뜻에 기반을 두는 통치보다 다수의 뜻에 기반을 두는 통치가 보다 바람직하다는 것은 자명한 일이라 믿는다. 시드니 훅(Sidney Hook)의 주장대로 다수지배의 원칙은 정의로운 사회를 건설함에 있어서 충분조건(充分條件)은 못 되지만 필요조건(必要條件)이라고 할 수 있다.[16]

정치는 결국 선택의 문제이다. 완벽한 인간이 없듯이 완벽한 제도도 없는 것이 현실이다. 다수지배의 원칙 위에 서 있는 민주주의 정치제도도 많은 심각한 문제를 안고 있지만, 다수지배(多數支配) 아니면 결국 소수지배(少數支配)이거나 무정부상태(無政府狀態)라

---

15) Alexis de Tocqueville, *Democracy in America*, 1835 - 1840.
16) Sidney Hook, *Political Power and Personal Freedom*, Collier Books, 1962.

는 삼자택일(三者擇一)의 냉엄한 현실 속에서 우리의 선택은 분명해진다. 우리는 다수지배의 문제점을 잘 알고 있으면서도 국가의사(國家意思) 결정방법으로 다수결원칙을 수용할 수밖에 없다는 것을 인정하지 않을 수 없다. 다수지배의 원칙을 수용하지 않는 경우 우리에게 주어진 선택의 여지는 소수지배이거나 무정부상태뿐이다. 국가를 운영함에 있어서 우리가 다수결원칙을 받아들여야 하는 근본 이유는 그것이 좋아서가 아니라 그보다 더 좋은 대안이 없기 때문이다. 민주주의는 나쁘지만 다른 모든 정부는 더 나쁘기 때문에 민주주의를 택한다는 처칠(Churchill) 수상의 말과 같이 우리는 다수지배가 싫지만 소수지배나 무정부상태는 더 싫기 때문에 다수지배원칙을 수용할 수밖에 없다.

의원내각제 국가에 있어서 의회의 다수는 국가의사를 결정함에 있어서 최종적 권한을 행사하지만, 그렇다고 의회 다수의 권한이 절대적인 것은 아니다. 건전한 민주정치는 다수가 소수의 권리를 존중하고 소수의 목소리에 경청할 때만 성립한다. 다수와 소수는 적대관계(敵對關係)에 있는 것이 아니라 국가라는 큰 테두리 안에서 항상 공존하는 한 가족이며 동반관계(同伴關係)에 있는 것이다. 다만 국가의 정책을 결정함에 있어서 다수의 뜻을 따르는 것이 최선의 선택이 되는 것뿐이다.(미래학자 앨빈 토플러(Alvin Toffler)는 미래의 민주주의를 논함에 있어서 다수지배 원칙에 대한 근본적인 수정을 제시하고 있다. 토플러에 의하면 산업사회(제2의 물결)는 본질적으로 대중사회(mass society)이기 때문에, 사회가 고도로 계층화(highly stratified society)됨으로써 몇 개의 주된 사회계층이 bloc을 이루고 다수를 형성할 수 있지만, 정보혁명(information revolution)에 기인하는 제3의 물결(The Third Wave)이 지배하는 미래사회는 대중성을 상실하게 되고(de-massified society), 다수를 형성하는 사회계층은 존재하지 않으며, 수천의 소수군(少數

群, minorities)만이 존재함으로써 끊임없이 변화하는 성단형태(星團形態)의 사회(configura-
tive society)를 형성하게 된다. 따라서 국가의 주요 이슈에 대한 국민적 합의(consensus)
는 거의 불가능하게 되고, 그러한 상황에서는 필연적으로 다수지배의 원칙과 대의정
치의 개념이 근본적으로 수정될 수밖에 없을 것이라고 주장한다. 그는 대안(代案)으로
서 기술혁명에 기반을 두는 직접민주주의 도입을 강조하며 '준 직접민주주의'(semidirect
democracy)를 제시하고 있다.(*Creating a New Civilization, The Politics of the Third Wave*,
1995) 확실히 토플러의 그러한 주장은 우리가 항상 염두에 두고 깊이 음미할 만한 가
치가 있다. 그러나 아직도 '제2의 물결'을 벗어나지 못하고 있는 한국의 현실 속에서
토플러의 생각을 권력구조에 반영함은 시기상조임을 지적해둔다.)

그러나 예외적으로, 다수지배의 원칙이 통용될 수 없는 나라도
있다. 한국, 일본, 영국과 같이 국민 전체의 문화적 동질성(文化的
同質性)이 비교적 강한 나라에 있어서는 문제가 없지만 오스트리아
(Austria), 스위스(Switzerland), 네덜란드(Netherlands), 벨기에(Belgium),
아프리카(Africa)의 여러 신생국들과 같이 국가가 종교, 언어 혹은
전통이 다른 소수문화집단들(少數文化集團, subculture ethnic groups)
로 구성되어 있어서, 만약 다수지배의 원칙을 엄격하게 적용한다면
특정한 소수문화권 국민들에게 현저한 불이익을 줄 수 있음으로써
심각한 문제가 발생할 수 있다.

그러므로 이질성(異質性)이 강한 여러 개의 소수문화권으로 구성
된 나라에 있어서는 엄격한 다수지배의 원칙에 기반을 두는 통치
체제는 소수문화권의 격렬한 반발을 유발시킴으로써 통치체제 그
자체가 불안정하게 된다. 따라서 그러한 국가에 있어서는 다수지배
의 원칙을 고수(固守)함으로써 국가를 분열과 혼란의 도가니 속에
빠뜨리는 위험을 무릅쓰는 것보다 소수문화집단을 포용할 수 있는
체제를 채택하여 국가의 분열을 방지하는 것이 더 중요하게 된다.

이 때문에 그러한 나라에 있어서는 통치권을 소수민족(少數民族)들과 공유하는 형태를 취하는 것이 보통이다. 따라서 이 경우 다수지배의 원칙은 제한적일 수밖에 없다.

이러한 민주주의를 어떤 학자들은 제휴민주주의(提携民主主義, consociational democracy)라고 부르기도 한다. 제휴민주주의는 무엇보다도 국가를 구성하는 소수문화민족군(群)들 사이의 타협과 화합을 앞세워 내란과 독재를 동시에 방지하기 위한 불가피한 정치체제라고 할 수 있다. 서유럽의 여러 나라들이 비례대표제를 채택하고 연립내각을 구성하여 소수문화 집단들에게 통치권의 지분(持分)을 허용하는 것은 그러한 연유(緣由)에서이다.[17]

의원내각제 국가에서 의회의 다수가 법상 최고성을 누리며, 내각을 구성하고 국가통치권을 행사하지만, 의회의 다수도 결국 주권자인 국민의 심판을 모면(謀免)할 수는 없다. 의회 다수 위에는 항상 국민이 군림(君臨)하며 영원한 다수는 존재하지 않는다. 그러므로 의회의 법적 최고성은 정치적으로 절대적 권한을 의미하는 것은 아니다. 주권자인 국민은 선거를 통하여 의회의 다수를 소수로 만들고 소수를 다수로 만들 수 있는 권한을 가진다. 그리고 언론은 국민의 눈과 귀가 되어 주권자인 국민에게 나라의 실태를 알리는 중요한 역할을 담당한다.

이상 의원내각제의 주춧돌이라고 할 수 있는 3대원칙을 간단히 설명했다. 의회최고원칙, 권력융합원칙 그리고 다수지배원칙, 이 세 가지 원칙은 각각 분리(分離)되어 있는 별개의 원칙들이 아니라 서

---

17) Arend Lijphart, "Consociational Democracy" in *Comparative Politics: Notes and Readings*(1976, pp.133 – 147.) Ed. by Roy Macridis and B. Brown.

로 밀접하게 연계(連繫)되어 있다. 권력이 내각을 중심으로 융합될 수 있음은 의회최고원칙이 있기에 가능하며, 의회최고원칙이 구현되는 것은 다수지배의 원칙이 철저히 지켜지기 때문에 가능하다. 이 세 가지 원칙은 3위 일체(三位一體)로서 각각 서로를 뒷받침하면서 정부의 생산성, 효율성 그리고 책임성을 도모할 수 있게 해 준다.

(4) 쌍두집행부체제원칙(The Dual Executive Government Principle)

의원내각제를 떠받치고 있는 네 번째의 기둥은 쌍두집행부체제원칙이다. 대통령제 국가에 있어서는 대통령이 국가의 원수(元首)인 동시에 정부의 수반(首班)이 된다. 그러나 의원내각제 국가에서는 국가의 원수와 정부의 수반은 엄연히 구분된다. 의원내각제 국가에 있어서 국가의 원수는 왕(군주국) 혹은 대통령(공화국)이 되고 정부의 수반은 수상이 된다. 단, 의원내각제하에서의 대통령은 의회에서 선출되며 일정한 임기를 갖는다.

의원내각제 국가에 있어서 국가의 원수는 정치적 실권과 책임이 없는 상징적 존재(象徵的存在)로서 주로 의식(儀式)적 기능(ceremonial functions)을 수행한다. 국가원수는 '군림하되 통치하지 않으며' 그의 주요 임무는 내각의 제청에 따라 법률을 공포(公布)하고, 행정명령(行政命令)에 서명하며, 외국과의 조약을 비준하고, 수상과 각료를 임명(공식행위)하며, 의회의 해산을 선언하는 일이다. 국가원수는 정치적 책임과 실권은 없지만 내각의 결정 사항이 잘못된 것이라고 생각할 때는 이의(異意)를 제기하거나 주의를 환기시킬 수는 있다. 그러나 내각의 결정에 불복(不服)할 수는 없다. 국가원수의 서명은 내각의 행위를 법적으로 유효하게 만드는 공인절차에 불과하며 그에 대한 정치적 책임은 부서(副署)한 내각이 진다.

의원내각제 국가들이 예외 없이 쌍두집행부 체제를 유지하는 것은 주로 역사적 이유에서 비롯되지만 그러한 체제의 실제적 유용성도 간과할 수는 없다. 의원내각제 국가에 있어서 국가원수는 실권이 없는 의식적 존재(ceremonial figure)에 불과하지만 유사시에는 국가원수가 국가의 화신(化身, personification)이 되어 국가의 존속을 가시화(可視化)해 주는 중요한 정치적 기능을 발휘할 수 있다. 인류역사는 국가원수의 존재가 국가적 위기를 극복함에 있어서 지극히 유익함을 보여준다. 정부는 없어져도 국가는 영원히 존속한다는 것을 상징적으로 보여주는 국가원수의 존재는 절망에 빠진 국민에게 내일을 위한 희망과 격려를 줄 수 있다. 수상이 나라의 현실 정치를 주도하는 존재라면 국가원수는 나라의 일체성과 존엄성을 상징하는 고고(孤高)한 존재로서 그 둘은 건강한 국가의 존립을 위한 쌍두마차의 역할을 한다고 볼 수 있다.

2) 의원내각제와 정당책임정치

현대 민주정치의 주역은 개인이 아니라 정당이다. 국민은 선거를 통하여 특정 정당에게 통치권을 위임하고 그 정당은 정부를 구성하고 통치에 임한다. 그러나 국민은 승리한 정당에게 임의대로 통치하라고 백지수표(白地手票, blank check)를 주는 것이 아니라 그 정당이 약속한 정책과 선거공약을 실현하라는 책임과 의무를 주는 것이다. 그러므로 선거는 국민과 수권정당(受權政黨) 사이의 정치적 계약(政治的 契約)이라 할 수 있다. 따라서 수권정당의 선거공약이 실현되어야 함은 건전한 민주정치의 대전제(大前提)가 된다.

현대 민주주의는 권력이 국민으로부터 나온다는 사실만으로는 충족될 수 없다. 선거를 통하여 표명된 국민의 뜻이 실현된다는 전제가 성립할 때 비로소 선거의 의미가 십분 살아나게 되고 진정한 의미의 민주정치는 구현될 수 있게 된다. 선거의 진정한 의미는 어떤 사람이나 정당에게 승리의 영광을 안겨주는 데 있는 것이 아니라 정당들이 제시한 정책과 공약을 국민이 선택하는 데 있다. 그리고 정당책임정치의 요체는 집권당이 선거공약을 실현하고 성패(成敗) 간 그에 대하여 전적으로 책임을 지는 데 있다. 그러므로 집권당은 약속된 정책과 공약을 반드시 실천에 옮길 수 있는 위치에 있어야 한다. 그렇지 않는 한 선거의 의미는 반감(半減)될 것이며 민주정치는 실속이 없는 겉치레 정치가 되고 말 것이다.

그러나 대통령제하에서는 대통령의 정책과 선거공약이 반드시 실현된다는 전제가 성립하지 않는다. 의회가 언제나 대통령을 지지한다는 보장도 없으며 의회와 대통령이 충돌하는 경우 그것을 해소할 수 있는 제도적 방법도 없다. 따라서 대통령제하에서 대통령과 집권당은 국민에게 한 약속을 이행할 수 없는 경우가 허다하게 되고, 그로 인하여 대통령제는 결국 책임 없는 정치를 낳는다는 비난을 면할 수 없게 된다. 이것은 현대 민주주의 국가를 경영함에 있어서 대통령제가 지닌 중대한 결함이다. 반면 의회최고원칙 및 권력융합의 원리에 기초한 의원내각제하에서는 집행부가 입법부로부터 파생(派生)됨으로써 그 두 기관이 항상 하나처럼 행동하게 되고 집권당의 공약은 반드시 실현된다는 전제가 이론상 성립한다. 즉 정당책임정치가 가능하게 되는 것이다.

정당책임정치를 구현하는 문제는 개개 정치인들의 의지(意志)와는 무관하다. 정치인들은 모두 자신과 자신이 소속하는 정당의 공약이 모두 이행됨으로써 국민의 신임과 존경을 받고 싶어 할 것이다. 그러나 정치인들이 모두 그러한 의지를 가지고 있음에도 불구하고 견제와 균형의 원칙을 주축으로 하는 대통령제하에서는 집권당의 약속 이행이 종종 불가능하게 된다. 견제와 균형의 논리는 궁극적으로 책임정치의 논리와 조화를 이룰 수 없기 때문이다.

국가의 정책은 직접, 간접으로 국민생활에 지대한 영향을 미친다. 따라서 수권정당의 정책과 선거공약이 반드시 실현되느냐, 아니면 실현이 불가능 혹은 불확실하냐 하는 문제는 선거에 대한 국민의 관심도를 크게 좌우한다. 미국의 대통령 선거나 의회 선거에 있어서의 투표율은 평균 55%를 밑도는 반면 영국을 비롯하여 의원내각제를 채택하는 유럽 국가에 있어서의 투표율은 보통 75%를 웃도는 것으로 집계(集計)되고 있다. 미국의 유권자들은 후보들의 선거공약이 지켜질 가능성이 크지 않다는 사실을 오랜 세월 동안의 경험을 통하여 잘 알고 있기 때문에 선거에 대한 그들의 관심도는 낮을 수밖에 없으며 그것은 투표율에 반영되고 있다. 반면 의원내각제하에서는 승리한 정당의 선거공약이 실현될 가능성이 높기 때문에 총선에 대한 국민의 관심도와 투표율은 자연히 높아진다.

총선 결과 단독 다수당이 없는 경우에는 연립정부(聯立政府)의 구성이 불가피하게 된다. 이 경우에는 연립하는 정당들 사이에 약간의 정책적 타협이 필요하게 될 것이다. 이 또한 선거를 통하여 표명된 국민의 뜻으로 간주하고 그 뜻을 존중할 수밖에 없다. 그러나 의원내각제하에서의 연립정당들 사이의 타협은 대통령제하에서의 여야 간의 타협과는 본질적으로 다르다. 보통, 연립정부는 주정당인 제1 혹은 제2 정당과 제3, 4, 5, 6의 소수 정당 중에서 정책노선이 근본적으로 유사한 정당들로 구성됨으로 그들 사이의 정책적 타협은 쉽게 이루어질 수 있으며 정책의 일관성도 대체로 유지될 수 있다. 반면, 대통령제하에서의 여당과 야당 사이의 타협은 대단히 어렵거나, 때에 따라서는 불가능할 수도 있으며, 타협을 한다 할지라도 미봉책(彌縫策)이 나올 가능성이 농후하여 정책의 일관성을 유지할 수 없게 된다. 동상이몽격인 여와 야는 정책상의 타협을 정략적(政略的)으로 이용하는 경향이 농후하기 때문이다. 여기서 중요한 점은, 의원내각제 국가에 있어서는 단독 다수당정부이건 연립정부이건 상관없이 정부는 항상 의회 다수의 신임을 배경으로 하여 존속하므로 일관성 있는 정책을 수립하고 집행할 수 있는 위치에 있다는 점이다.

정당을 떠나서 의원 개개인이 국민 전체를 대표하여 초당적(超黨的) 자세로 오직 자신의 양심(良心)에 따라서 행동해야 한다고 주장하는 사람도 있다. 그러나 그것은 하나의 픽션(fiction)에 불과하다. 현실은 그럴 수도 없으며 그렇게 하는 것이 바람직하지도 않다. 정당 없는 의회민주주의는 있을 수 없으며 초당적인 입장을 취하는 의원은 예외적인 존재로서 정치의 본질을 망각하고 있는 것이다.

오로지 자신의 양심에 따라 행동하는 대의원상(代議員像)은 헌법에만 천명되어 있는 공허한 원칙에 불과하다.(프랑스, 이탈리아 등)

정당정치는 건전한 민주주의 국가에 있어서 필수요소(必須要素)이며 정당인은 연대책임(連帶責任)의 논리를 수용하고 집단적으로 행동해야 한다. 그렇지 않는 한 생산성 있는 정치는 불가능하기 때문이다. 국가는 바다 위에 떠 있는 선박과 같아서 그 위에 타고 있는 모든 사람이 각자의 목적지를 향하여 뿔뿔이 흩어져 갈 수는 없다. 모든 국민은 목적지를 함께 정하고 그곳을 향하여 함께 항해해야 하는 운명을 지니고 있는 것이다. 천차만별의 개인의 양심은 집단책임의 원칙에 승복할 수밖에 없다. 정당 없는 의회정치는 하나의 가상(假想)이며 의원들이 각자의 양심에 따라서 행동해야 한다는 주장은 '침묵의 음모'(conspiracy of silence)에 불과하다.(Loewenstein) 집단적 팀워크(team－work)는 국가통치의 기본이며 기초이다. 이것은 현시대의 정치범주(政治範疇, political realm)의 특색이기도 하다. 의원내각제가 정당책임정치를 가능하게 해 준다는 사실은 의원내각제가 대통령제에 비하여 현대 민주주의 시대정신(時代精神)에 한 발짝 더 근접되어 있음을 말해 준다.

3) 의원내각제와 정부불안정 문제(政府不安定問題)

아마도 우리나라에서 의원내각제 채택 문제와 관련하여 가장 중요한 이슈(issue) 중의 하나로 등장하는 것은 의원내각제가 정부를 불안정하게 만드는가 하는 문제일 것이다. 우리는 우리의 짧고 불운했던 의원내각제 체험을 통하여 의원내각제는 불안정하고 무능한 정부를 낳는다는 부정적 선입관을 갖게 됐는지도 모른다. 사실 언뜻 생각하면 의원내각제 정부는 불안정해 보인다. 수상과 의회는 일정한 임기를 가지고 있지 않으며 내각의 존속은 의회의 신임에 의존하므로 의회가 변덕을 부리면 정부가 언제 무너질지 모른다.

의원내각제의 대표적인 실패 사례는 프랑스이다. 프랑스는 제3, 4공화국 시절에 심각한 정부불안정 문제로 신음하면서 "유럽의 병자"(the sick man of Europe)라는 불명예스런 별명까지 얻은 바 있다. 70년간 지속된 프랑스의 제3공화국(1871－1940) 시절에는 내각의 평균 수명이 약 10개월이었으며, 12년간 지속된 제4공화국(1946－1958) 시절에는 내각의 평균 수명이 약 5개월이었다. 그리하여 프랑스는 결국 1958년에 의원내각제를 폐기하고 이른바 '드골 헌법'(de Gaulle Constitution)을 채택하여, 대통령제를 원칙으로 하고 의원내각제 요소를 첨가한 절충형 정부 형태를 수용하기에 이르렀다.

비록 프랑스의 실패 사례가 예외에 속한다 할지라도 우리로서는 그것을 간과할 수 없다. 한국이 의원내각제를 채택하는 경우에 한국이 프랑스의 불행했던 전철을 밟지 않는다는 보장은 무엇인가? 우리가 의원내각제 채택을 고려하기 전에 우리는 이 질문에 대한 답을 반드시 찾아야 한다.

프랑스는 제3, 4공화국 시절을 통틀어서 단 한 번도 단독 다수당 정부를 가질 수 없었으며, 따라서 언제나 연립정부(聯立政府, coalition government)를 구성하여 통치할 수밖에 없었다. 그러나 연립정부라고 해서 반드시 불안정하고 단명(短命)한 것은 아니다. 사실 현재 의원내각제를 채택하고 있는 대부분의 나라들이 연립정부를 수립하여 통치하고 있지만 정부불안정 문제로 인하여 고통을 받고 있는 나라는 거의 없다.

여기에 연립정부의 내구성(耐久性, durability)에 관한 로렌스 닷(Lawrence Dodd) 교수의 연구 결과를 간단히 소개한다.[18] 그는 17개의 주요 의원내각제 국가를 대상으로 한 조사 결과를 다음과 같이 분석하고 있다.(조사대상국: Australia, Austria, Belgium, Canada, Denmark, Finland, France, Germany, Great Britain, Iceland, Ireland, Italy, Luxembourg, Netherlands, New Zealand, Norway, Sweden; 조사대상 기간: 1918 - 1974) 로렌스 닷 교수는 연립정부를 그 크기에 따라 대별하여 '과대연립정부'(Oversized Coalition), '최소과반연립정부'(Minimum Winning Coalition), 그리고 '과소연립정부'(Undersized Coalition)의 셋으로 나누고, '최소과반연립정부'의 평균수명이 4년이 넘는 안정된 정부라는 사실을 우리에게 보여준다.(단독다수당 정부의 평균수명은 약 5년 6개월) 여기서 '과대연립정부'란 연립정부를 구성하는 정당 중 한두 개가 탈퇴해도 의회의 과반수를 유지할 수 있는 거대한 연립정부를 말하고, '최소과반연립정부'란 연립정부를 구성하는 정당 중 하나라도 탈퇴하면 의회의 다수를 지배할 수 없는 정부를 말하며, '과소연립정부'란 연립하는 정당들의 의석을 다 합해도 의회의 다수에 미달하는 소수연립을 말한다. 또한 이 연구는 일반 상식과는 달리 '과대연립정부'의 평균수명(약 15개월)이 '최소과반연립정부'의 평균수명(4년＋)보다 훨씬 짧다는 사실을 보여준다. 로렌스 닷 교수는 이 연구에서 연립정부의 크기

---

18) Lawrence Dodd, *Coalition in Parliamentary Government, 1976*

에 있어서 '최소과반연립'으로부터 멀어지면 멀어질수록(상하로) 그
연립의 안정성은 감소된다는 점을 지적한다. '과대연립정부'는 너
무 커서 내부분열을 조장하는 경향이 있고 '과소연립정부'는 너무
작아서 통치능력이 부족하여 결국 무너지기 쉽다는 분석이다.

만약에 이 연구의 조사 기간을 현재(2008년)까지로 확장한다면
연립정부의 평균수명은 훨씬 더 길어질 것이라고 생각된다. 로렌스
닷 교수가 설정한 기간(1918 – 1974)은 경제 대공황 및 세계대전
등 20세기의 최대 격동기를 포함하고 있기 때문에 연립정부의 평
균수명이 평상시에 비하여 월등히 감소됐을 것으로 추정된다. 반면
지난 30여 년 동안은 세계적으로 대체로 평온한 번영의 시기로 볼
수 있기 때문에 이 기간을 포함하여 통계를 낸다면 연립정부의 평
균수명은 크게 늘어날 것으로 사료된다. 또한 프랑스의 사례를 특
수한 경우로 취급하여 조사대상 국가에서 제외한다면 연립정부의
평균수명이 더욱더 늘어날 것은 당연하다.

이 연구 결과가 보여주듯이 연립정부라고 해서 반드시 불안정하
고 단명한 것이 아니라면, 어찌하여 유독 프랑스의 연립정부들은
예외 없이 극도로 단명했는가? 이 물음에 대한 전문가들의 견해는
다양하고 복잡한 양상을 보인다. 어떤 사람은 제3, 4공화국 시절의
프랑스 선거제도였던 비례대표제(Proportional Representation)가 그 주
범이라고 주장한다. 비례대표제는 소선거구제(Single – Member District
System)와 함께 민주주의 선거제도에 있어서 양대(兩大) 유형(類型)
을 이루고 있다. 비례대표제는 대부분의 서유럽 국가에서 쓰이고
있는 제도로서, 각 정당에 대한 국민의 지지율에 비례하여 의회의
의석이 배분되어야 한다는 대의제도 철학에 기초하는 선거제도이

다. 예를 들면, 총선 결과 '갑' 정당에 대한 국민의 총지지도가 10%, '을' 정당에 대한 지지도가 20%, '병' 정당에 대한 지지도가 30%, 그리고 '정' 정당에 대한 지지도가 40%로 각각 나타났다면, 각 정당이 차지하는 의회의 의석은 이 비율에 따라 결정되어야만 의회가 진정한 국민의 대표기관이 될 수 있다는 지론(持論)이다.

그러므로 비례대표제하에서는 국민의 지지도가 낮은 정당들도 의회에 의석을 확보할 수 있게 되며, 그 결과 다당제(多黨制)가 발달할 가능성이 높아진다. 비례대표제는 사표(死票)를 최소한으로 줄이고 사회의 다양한 계층과 이익을 대변하는 많은 정당들이 의회에 모여 다양한 목소리를 낼 수 있게 해 준다는 장점을 지니고 있다. 그러나 반면 비례대표제 국가에 있어서는 의회가 마치 뜻과 이해를 달리하는 수많은 이익단체들의 집합소처럼 되어버려 의회의 행동통일을 위한 적극적 다수(positive majority)의 형성이 대단히 어렵게 된다는 단점이 있다. 프랑스의 연립정부가 모두 불안정하고 단명했던 주원인이 선거제도에 있었다고 주장하는 사람은 비례대표제 때문에 프랑스에는 양당제가 발달하지 못하고 다당제가 발달하여 프랑스 의회의 행동통일을 지극히 어렵게 만들었다고 주장한다. 하지만 비례대표제를 사용하는 모든 국가가 프랑스처럼 심각한 정부불안정 문제로 고통을 받고 있는 것은 아니라는 사실을 감안할 때 그러한 주장은 설득력이 적다.[참고: 소선거구제하에서는 전국을 의회의 총 의석수대로 쪼개어 (주로 인구수에 준하여) 소선거구로 나누고 각 선거구에서 최고 득점자 한 명만을 당선자로 한다. 따라서 소선거구제하에서는 많은 사표(死票)가 불가피하게 되고 군소정당(群小政黨)들의 의회 진출이 대단히 어렵게 된다. 그 결과 소선거구제를 채택하는 나라에서는 진보와 보수를 대변하는 양대 정당과 제3의 소수 정당 두세 개만 살아남게 되는 것이 보통이다. 이것은 정부의 안정에 크게 기여하는 요소가 된다. 미국, 영국 등 많은 나라에서 쓰이는 소선거구제는 비례대표제와는 근본적으로 다른 대의제도 철학에 그 기반을 두고 있다. 소선거구제를 주장하는 사람들에 의하면 의회는 국민의 다양한 목소리를 듣기 위한 단순한 '대변' 기관이 아니라 국가의 모든 정책을 심의하고 결정하는 국가의 통치기구인 만큼 의회 내에 적극적 다수(積極的 多數, positive majority)가 형성될 수 있어야 한다. 그러기 위해서는 군소정당들의 출현을 방지하고 양당제를 발달시켜야 하는바, 소선거구제만이 그 목적달성에 적합하다고 주장한다.

비례대표제와 소선거구제 중 어느 것을 선호할 것인가 하는 문제는 의회의 주된 역할이 무엇인가 하는 물음에 대한 각자의 판단에 달려 있다. 의회의 주된 역할이 국민 각계각층의 목소리를 '대변'하는 장(場)으로서의 역할이라고 생각하는 사람은 비례대표제를 선호할 것이며, 반면, 의회는 국가의 통치기구로서 그 주된 역할이 국민을 대표하여 국가의 정책을 최종적으로 '결정'하는 역할이라고 생각하는 사람은 소선거구제를 선호할 것이라 믿는다.]

대부분의 유럽 국가들이 비례대표제를 채택하고 있는 데에는 중요한 이유가 있다. 유럽 국가들의 국민은 비록 인종적으로는 백인이 주종을 이루지만 그 국민을 구성하는 성분을 보면 언어, 종교, 전통, 역사, 문화를 달리하는 다양한 소수민족(subculture ethnic groups)들이 포함되어 있어 그들이 모두 하나의 국가를 형성하고 그 속에서 함께 살고 있는 것이다. 따라서 유럽의 여러 나라에 있어서는 국가의 분열을 방지하고 국가의 단일성을 유지하는 문제는 국가의 최우선이 되는 중요한 문제가 되고, 그 목적을 위하여 비례대표제를 채택함으로써 이해(利害)를 달리하는 소수민족들의 다양한 목소리를 존중하고 그들의 정치적 지분을 인정하고 있다.

혹자는 프랑스의 정부불안정 문제의 근본 원인으로 프랑스 정당들의 내부 결속력이 지극히 약하다는 사실을 지적한다. 프랑스의 정당들은 모두 지방분권화(地方分權化)되어 있어서 당내 행동통일을 도모하기가 대단히 어려운 것이 사실이다. 이것은 프랑스 의회의 적극적 다수의 형성을 그만큼 어렵게 만든다. 또 어떤 사람들은 프랑스 연립정부들이 단명했던 근본 이유 중의 하나로 프랑스에는 유달리 이념정당(理念政黨)들이 발달되었다는 사실을 지적한다. 이념적 타협은 실리(實利)의 타협보다 훨씬 더 어려운 것이 사실이다. 그리고 프랑스 대혁명을 전후하여 오랜 세월 동안 지속된 격렬했던 종교적 분쟁(Protestants vs. Catholics; clerical forces vs. anti-clerical forces)이 프랑스에 있어서의 모든 정치 문제의 근원이라고 주장하는 사람도 있다. 이러한 다양한 견해들은 모두 일리 있는 견해들로서 서로 상충(相衝)한다기보다 보완(補完)하는 관계에 있다고 보아야 한다. 확실히 프랑스의 정치는 이념적 충돌, 종교적 충돌, 사회문화적 충돌, 계급적 충돌들이 복합적으로 나타나는 소용돌이 같은 인상을 준다. 이 점에서 프랑스는 정치사회적으로 참으로 독특한 나라라 할 수 있다.

제3, 4공화국 시절의 프랑스의 정부불안정 문제의 근원은 프랑스 특유의 정치문화(政治文化, political culture)에서 찾아야 할 것이다. 프랑스는 세계 어느 곳에서도 찾아볼 수 없는 참으로 독특한 정치문화를 가지고 있다. '정치문화'라는 말은 분명하게 정의하기 어려운 개념이지만, 일반적으로 국민이 국가, 정부 혹은 정치에 대하여 가지고 있는 일련의 태도, 신조 및 감정을 총칭하는 말이라고 할 수 있다. 정치문화의 바탕을 이루는 가장 중요한 요소는 국민의 역사적 경험, 전통적 규범, 가치체계, 종교적 신앙 그리고 교육의 내용 등이다.

프랑스 국민은 1789년의 대혁명 이후 파란만장했던 정치변동(政

治變動)과 오랜 세월 동안의 종교분쟁(宗敎分爭) 속에서 삶을 영위하면서 사회 내부에 깊은 사상적 및 감정적 고을을 생성시키고 그들 고유의 독특한 정치문화를 발전시키기에 이르렀다. 프랑스 국민의 이념적 분열(理念的 分裂)과 다양한 가치관은 국가의 임무와 역할에 대하여서도 국민적 공감대를 형성할 수 없게 만들었다. 이것은 프랑스의 정치를 어지럽고 어렵게 만든 근원이 된다. 복잡다단했던 프랑스의 헌정사(憲政史)는 이 점을 단적으로 말해 준다. 프랑스는 3개의 군주제, 2개의 제국, 1개의 파쇼 정권 그리고 5개의 공화국을 거치면서 도합 16개의 헌법을 만들고 폐기하지 않으면 안 되었던 것이다. 프랑스에 극좌로부터 극우에 이르기까지 세계에서 가장 다양한 정치적 스펙트럼(spectrum)이 형성되어 있다는 것은 우연이 아니다. 프랑스가 극도의 정치적 다원주의(多元主義)를 꽃피우고 다당제(多黨制)를 발달시킨 근원은 그 나라의 정치문화에 있다.

프랑스 국민은 수많은 정치사회적 격동기(激動期)를 거치면서 국가권력에 대한 깊은 불신감을 지니게 되었으며 민주주의의 본질이 참여보다는 저항이라고 믿게 되었다. 그래서 많은 프랑스 국민은 국가의 권력에 대하여 부정적 태도를 가지고 선거에 임한다. 즉 그들은 정부에 대하여 어떠한 희망과 기대를 걸고 그것을 실현하기 위한 적극적 태도를 가지고 선거에 참여하는 것이 아니라, 국가권력에 저항해야 한다는 부정적 목적을 품고 그들의 대표를 선출한다. 어느 학자의 말대로 프랑스의 정치문화는 '반대의 정치문화'라고 할 수 있다.(Duverger) 프랑스 국민은 조국의 위대함과 영광됨을 믿으며 프랑스 국민임을 커다란 긍지로 여기지만, 동시에 그들은 국가권력에 대하여 본능적으로 저항하는 극도의 정치적 개인주의

자들이다.

　프랑스의 연립정부들이 모두 단명했던 근원은 그 나라의 정치문화에서 찾아야 하겠지만 그 직접적인 이유는 연립정당들이 행동통일을 할 수 없었다는 데 있다. 프랑스 내부의 사상적 및 사회적 분열은 이념정당의 발달을 가져옴으로써 프랑스의 연립정부를 불안정하게 만드는 데 결정적 역할을 한 것이다. 이념정당들은 특정 이념을 바탕으로 하여 형성되고 그 이념의 구현을 위하여 존재하는 바, 만약에 당의 기본 이념을 타협한다면 당의 존재이유 그 자체를 부정하는 결과를 초래하게 된다. 이념정당들이 중요한 정책 문제를 놓고 쉽게 타협하지 못하는 것은 바로 이 때문이다. 물질적 이해득실에 관한 문제, 예컨대 노동자의 임금에 관한 타협이라면 그것은 비교적 쉽게 이루어질 수 있는 일이지만, 공장을 국유화해야 한다는 주장, 천주교를 국교(國敎)로 만들어야 한다는 주장, 왕정복고(王政復古)를 해야 한다는 등의 이념적인 주장은 타협의 대상이 될 수 없다. 그리고 각각의 이념체계(理念體系, ideological system)는 세상만사를 보는 색안경(色眼鏡) 역할을 함으로써 모든 중요한 국가적 이슈를 근본적으로 다른 시각에서 보게 한다. 뿐만 아니라 이념상의 충돌은 감정을 북돋고 행동의 유연성을 박탈하는 경향이 있다.

　프랑스의 독특한 정치문화는 타협할 줄 모르는 이념정당들을 배출해 냈을 뿐만 아니라 수상의 의회해산권을 사실상 무용지물(無用之物)로 만들어버렸다. 자유를 사랑하는 프랑스 국민에게는 정부가 국민의 대표기관인 의회를 해산한다는 것은 있을 수 없는 일이었다. 그것은 두 나폴레옹에 의한 반공화정 쿠데타를 상기시킴으로써 자유에 대한 중대한 위협으로 여겨졌던 것이다. 그러므로 프랑스 국민은 수상의 의회해산권 발동에 대하여 강렬하게 반발했고, 그 결과 이어지는 총선에서 수상은 번번이 크게 패배하는 운명을 맞이했다. 그리하여 결국 수상의 의회해산권은 그 진정한 의미를 상실하기에 이른 것이다.(1877년 이후에는 수상의 의회해산권은 행사되지 않았음) 수상의 의회해산권이 아무런 위력을 발휘할 수 없게 됨에 따라 수상의 리더십은 극도로 약화되었고 내각의 운명은 변덕스런 프랑스 의회의 손아귀에서 일방적으로 결정될 수밖에 없었다.

한국이 의원내각제를 채택하는 경우에 프랑스의 전철을 밟지 않는다는 보장은 무엇인가? 약 9개월 동안의 짧고 불운했던 우리의 의원내각제 체험은 아직도 우리의 기억에 생생하다. 우리는 장면 정권의 실패를 의원내각제의 실패로 착각하고 의원내각제 권력구조는 무능하고 불안정한 정부를 낳는다는 부정적 선입관을 갖게 됐는지도 모른다. 그러나 정권의 실패와 제도의 실패는 구분해야 한다. 이승만 정권의 실패를 대통령제의 실패로 볼 수 없듯이 장면 정권의 실패를 의원내각제의 실패로 매도할 수는 없다.

한국이 의원내각제를 채택하는 것을 반대하는 사람들은 파란만장한 우리의 역사적 경험이 프랑스와 흡사하며 한국 국민도 프랑스 국민처럼 단결보다는 분열을 일삼는 국민이라서, 한국이 의원내각제를 채택하는 경우 한국도 프랑스처럼 끊임없는 정부불안정의 심연(深淵)에서 헤어나지 못하게 될 것이라고 주장할 것이다. 과연 그러한 주장은 타당한 주장인가? 필자는 그렇지 않다고 생각한다. 그 이유는 다음과 같다.

첫째, 한국의 정치문화는 프랑스의 정치문화와는 본질적으로 다르다. 한국의 정치문화는 크게 보아 전통적 유교사상(儒敎思想)과

해방 후 서양에서 들어온 자유주의사상(自由主義思想)의 혼혈아(混血兒)라고 할 수 있을 것이다. 그 둘 사이에 어느 정도의 충돌과 갈등이 있는 것은 사실이지만, 그것은 사회발전에 따르는 자연스러운 진통(陣痛)에 불과하며 프랑스의 대혁명(大革命)처럼 과거와의 격렬한 단절을 의미한다고 볼 수는 없다. 한국도 프랑스 못지 않게 불운한 역사적 경험과 수많은 정치적 변동을 겪은 것은 사실이지만 한국은 프랑스에 있어서처럼 근본적이며 과격한 사회변화를 경험한 적은 없으며 프랑스의 종교분쟁과 같이 전국을 오랫동안 분열의 도가니로 몰아넣은 사건도 없었다. 한국에 있어서의 분열은 주로 권력을 둘러싼 집단들 간의 정치적 분열(政治的 分裂)이었으며 프랑스에 있어서처럼 이념과 신조의 충돌에 기인한 사회적 분규(社會的紛糾)는 아니었다. 한국에는 프랑스에 있어서처럼 이른바 "반대의 정치문화"는 존재하지 않는 단절을 의미한다고 볼 수는 없다. 한국도 프랑스 못지않게 불운하다. 오히려 한국에는 국가권력과 통치자를 존중하는 관존사상(官尊思想)이 뿌리 깊이 내려오는 전통으로 남아 있으며, 국가권력을 개인 자유에 대한 위협으로 보는 시각보다는, 국가가 국민을 위하여 존재하며 국민의 요구와 기대에 부응하기 위하여 정부가 열심히 노력해야 한다는 시각이 지배적이다.

둘째, 프랑스 정당들은 내부결속력이 약하여 당내의 행동통일을 도모하기가 어려울 뿐만 아니라, 대부분의 프랑스 정당들은 이념정이기 때문에 다른 당과의 정책적 타협이 지극히 어려운 것이 사실이다. 이것은 프랑스의 독특한 정치문화와 맞물려 프랑스의 연립정부를 불안정하게 만든 주원인이 됐다. 그러나 한국의 정당들은 구조적으로 중앙집권화되어 있어서 당내의 행동통일은 비교적 쉽게 이루어진다. 또한 이념적으로도 한국의 정당들은 다양성보다는 획일성(劃一性)을 보유함으로써 정당들 간의 이념적 이질성은 거의 존재하지 않으며, 다만 진보(進步)와 보수(保守)의 차이만이 있을 뿐이다. 따라서 연립정부를 구성하는 경우 연립정당들 사이의 정책적 타협은 어렵지 않게 이루어질 수 있을 것이라 믿어진다.

셋째, 한국에 있어서는 군소정당의 출현이 없었던 것은 아니나 대체로 양당제(兩黨制)가 형성되어 왔기 때문에 프랑스에 있어서와는 달리 단독다수당 정부의 출현이 언제나 가능하다. 이것은 정부의 안정을 유지하는 데 크게 공헌할 것이다. 그리고 앞으로도 한국은 양당제를 유지하게 될 것이라 믿는다. 그것은 근본적으로 한국 사회가 프랑스와는 달리 이념적으로 획일성을 유지하고 있기 때문이다. 한국의 정치사회적 환경은 프랑스와는 본질적으로 다르기 때문이다. 프랑스의 정치가 중심에서 사방으로 흩어지는 분산형(centrifugal)이라면 한국의 정치는 구심점을 향하여 모여드는 중앙집권형(centripetal)이다. 프랑스의 정치가 이완형(弛緩形)이라면 한국의 정치는 결집형(結集形)이다. 프랑스의 정치가 이념적이라면 한국의 정치는 실용적(實用的, pragmatic)이다. 프랑스의 정치가 다양성 지향적이라면 한국의 정치는 획일성 지향적이다.

넷째, 프랑스의 의원내각제가 실패한 중요한 원인 중의 하나는 수상의 의회해산권 발동이 역화(逆火, backfire) 현상을 일으킴으로써 수상의 의회해산권이 사실상 무의미하게 됐다는 사실이다. 참으로 그러한 현상은 프랑스에서만 볼 수 있는 특이한 현상이다. 과연 한국 국민이 프랑스 국민처럼 수상의 의회해산권 발동을 자유에 대한 중대한 위협으로 생각하고 그에 대하여 강렬하게 반발할 것인가? 그리하여 총선 결과는 언제나 집권당에게 불리하게 나타날 것인가? 이 물음에 대하여 긍정적으로 답하는 한국인은 하나도 없을 것이다.(이웃 나라인 일본의 실태는 이 점에 관하여 우리에게 시사하는 바가 있다.)

다섯째, 짧고 불행했던 우리의 의원내각제 경험은 없었던 일로 해도 좋을 듯하다. 60년대 초반에 한국이 안고 있었던 여러 가지의 후진적 악조건들을 감안할 때 그 당시에는 어떠한 형태의 민주정치도 성공할 가능성이 적었다고 사료된다.

의원내각제가 불안정한 정부를 가져온다는 의구심은 사실상 기우(杞憂)에 불과하다. 프랑스의 사례는 지극히 특별한 경우로서 그것을 잣대로 삼아 의원내각제를 일반적으로 평가함은 잘못된 것이라는 점을 강조하고 싶다. 현재 전 세계를 통하여 정부불안정 문제로 고통을 받고 있는 의원내각제 국가는 거의 없다는 사실은 이 점을 실증해 주고 있다.

4) 의원내각제와 비상사태대응능력(非常事態對應能力)

한국에 있어서의 의원내각제 채택 문제와 관련하여 중요하게 떠오르는 또 하나의 질문은 의원내각제 정부가 과연 각종의 국가비상사태에 대처함에 있어서 아무런 하자(瑕疵)가 없는가 하는 점이다. 이 문제는 국가안보 문제(國家安保問題)가 최우선순위를 차지하는 한국으로서는 반드시 짚고 넘어가야 할 중요한 문제가 된다.

예측할 수 없는 비상사태가 발생했을 때 정부가 신속하고 효율적으로 대처할 수 있어서야 함은 국가존속의 필수요건(必修要件)이라 할 수 있다. 흔히 있는 비상사태로는 전쟁, 내란, 폭동, 천재지변, 경제공황, 재정적 위기 등이다. 정부가 각종의 국가비상사태에 신속하게 대응함으로써 피해를 최소화하고 국민을 최대한 보호하는 일은 정부의 성패 및 국가의 존망과 직결되는 중대한 문제이다.

비상사태가 발발하면 정부는 국가긴급권(國家緊急權, emergency powers)을 발동하여 평상시에는 침해할 수 없는 개인의 자유와 권리(기본권 포함)를 일시적으로 제한 내지 정지할 수 있게 된다. 즉 국가 비상시에는 정부의 수반은 법규의 효력을 갖는 명령을 발포(發布)할 수 있게 됨으로써 일시적으로 독재정부가 수립되는 것이다. 그리하여 정부의 수반은 정상적인 절차를 거치지 않고 국지적(局地的)으로 혹은 전국적으로 필요한 조처를 신속하게 취할 수 있게 된다. 정부는 필요에 따라 개인의 재산을 압류하고, 생산수단을 관리하며, 계엄령을 발포하고, 모든 언론, 통신 및 교통을 통제하며, 군대를 파견할 수 있게 된다. 즉 국가 비상시에는 국가와 개인 간의 정상적인 관계는 일시적으로 파기(破棄)되는 것이다. 이 점에 있어서 대통령제 국가나 의원내각제 국가가 다를 바 없다.

정부의 수반이 국가긴급권을 행사할 수 있는 법적 근거는 헌법상의 명문규정(明文規定)일 수도 있고 의회로부터의 사후면책(事後免責)일 수도 있다. 또 비상사태가 발발할 때마다 의회가 임시로 이른바 위기정부(危機政府, crisis government)를 수립하여 입법권을 일괄 위임하는 형태를 취할 수도 있다. 그 어느 경우라도 의회의 요구가 있을 때는 국가비상사태는 해제되고 통치권행사는 정상화

되는 것이 원칙이다.

국가긴급권의 발동이 하루아침에 민주정부를 독재정부로 변화시
킨다는 점에서 그것은 대단히 심각하고 중대한 문제가 아닐 수 없
다. 민주주의 국가에서 비록 시한적(時限的)이라 할지라도 독재정
권의 탄생을 어떻게 정당화할 수 있는가? 이 물음에 대하여 미국의
헌법학자, 클린턴 로시터(Clinton Rossiter) 교수는 자유민주주의 국
가라 할지라도 때에 따라서는 그 자체의 보존을 위하여 비상정부
를 수립하지 않을 수 없다고 전제하고, 민주국가의 생존을 보지(保
持)하기 위한 유일한 방편으로서의 비상정부의 수립은 자유민주주
의의 철학 속에서 수용될 수 있다고 말한다. 그리하여 그는 미국의
남북전쟁 당시의 링컨(Abraham Lincoln) 대통령의 독재권 행사와,
경제대공황(經濟大恐慌)으로부터 미국을 구출하기 위하여 행사된
루스벨트(Franklin D. Roosevelt) 대통령의 비상대권을 정당화한다.
그에 의하면 비정상적인 상황에 있어서의 정상적인 정부는 비상독
재정부이며 이는 민주주의 국가에 있어서도 정당한 정부로 받아들
일 수 있다고 주장한다.[19]

민주주의 국가에서 비상시에 어쩔 수 없이 탄생되는 독재정부를
어떻게 정당화하느냐 하는 문제는 사실 이론상의 문제에 불과하다.
실제는 세계의 모든 민주주의 국가가 그러한 독재정부를 합법적인
정부로 인정하고 있다. 여기서 우리의 관심의 초점은 의원내각제
국가에서 정부가 국가비상사태에 신속하게 대처함에 있어서 어떠
한 제도적 결함이 있느냐 하는 점에 있다. 답은 분명하다. 의원내
각제 국가라고 해서 정부가 비상사태에 대응함에 있어서 특별한

---

19) Clinton Rossiter, *Constitutional Dictatorship*, 1963.

문제가 있는 것은 아니다. 지금까지 유럽 및 세계의 모든 의원내각제 국가들이 전쟁을 비롯한 여러 가지 종류의 비상사태를 맞이하여 아무런 제도상의 문제를 드러내지 않았다는 사실은 의원내각제 정부의 비상사태대응능력이 이미 검증됐음을 말해 준다.

혹자는 1958년에 프랑스 정부가 알제리(Algeria) 사태에 결단성 있게 대처하지 못한 것이 당시 프랑스의 의원내각제 권력구조 탓이었다고 말할 것이다. 그러나 사실은 그렇지 않다. 프랑스가 알제리 사태에 신속하게 대응책을 강구치 못한 것은 프랑스의 권력구조 때문이 아니라 프랑스 정치의 실패 때문이었다고 보아야 한다. 설혹 그 당시 프랑스가 대통령제를 채택하고 있었다 하더라도 대통령이 의회의 지지 없이 국가의 중대한 외교정책을 마음대로 결정하고 지탱할 수는 없는 일이었다. 당시 프랑스에는 국가정책을 수립하고 집행하기 위한 적극적 다수의 형성이 불가능했던 것이다. 생각건대, 정부의 비상사태대응능력 문제는 권력구조 문제와는 무관하다. 한국은 대통령제하에서 6·25동란을 맞이하여 맥없이 짓밟혔으며, 한국의 제1공화국은 4·19학생의거에 의하여 막을 내렸다. 정부의 비상사태 대응능력에 있어서 대통령제라고 해서 특별한 이점이 있는 것은 아니다.

국가비상사태에 대한 최선책은 비상사태가 아예 발생하지 않도록 미리 예방하는 것이다. 이른바 유비무환(有備無患)의 정책이 바로 그것이다. 비상사태가 일단 발생한 후에 비상수단을 써서 사태를 수습하는 것은 차선책(次善策)에 불과하다. 그렇다면 어떻게 비상사태를 미리 방지할 수 있는가? 천재지변을 인간의 힘으로 막는 것은 지극히 어려운 일이지만 그러한 사태가 발생했을 경우에 대한 대비책을 미리 강구함으로써 그로 인한 피해를 최소화할 수는 있다. 그래서 사태가 '비상'으로까지 발전하지 않도록 하는 것이다. 이 점에 있어서 정치, 경제, 사회, 교육, 통신, 보건, 환경, 외교, 군사, 교통 등 모든 분야가 다를 바 없다.

비상사태의 발발(勃發)을 예방한다는 시각에서 판단할 때 어느 제도가 보다 효율적이겠는가? 비상사태의 발생이 궁극적으로 적절한 대응책의 결여에 기인한다면, 이 물음은 결국 어느 제도 밑에서 국가가 필요로 하는 정책의 산출이 보다 용이한가 하는 물음이 된다. 대통령제하에서는 정부의 정책 산출능력이 때에 따라 불확실한 상태 혹은 마비상태에 빠질 수 있으나 의원내각제하에서는 그러한 상황이 제도적으로 배제된다. 필요한 정책을 미리 수립함으로써 비상사태를 예방할 수 있다면 정책 산출능력이 우수한 의원내각제가 그렇지 못한 대통령제보다 더 유리한 조건을 제공한다고 보아야 할 것이다.

05

결론: 한국이 이제 대통령제를 폐지하고 의원내각제를 채택해야 하는 주요 이유 9가지

우리는 광복의 희열(喜悅)이 채 가시기도 전에 국토분단(國土分斷)의 비운(悲運)을 맞이하였으며 동족상잔(同族相殘)의 깊은 상처를 입었지만, 그 모진 고통과 역경을 이기고 굳건히 일어서서 폐허가 된 이 땅 위에 혁혁한 경제발전을 이룩하고 그 바탕 위에 민주주의의 꽃을 피워낸 참으로 자랑스러운 국민이다. 우리는 많은 우여곡절(迂餘曲折) 끝에 산업화와 민주화라는 두 개의 큰 산을 무사히 넘었다. 확실히 지난 반세기 동안의 우리의 놀라운 성취는 한국 국민의 자부심(自負心)의 원천이 된다. 누가 뭐라 해도 우리는 강인하고 인내성 있으며 부지런하고 지혜로우며 적극적으로 사고하는 훌륭한 국민이다.

그러나 우리 앞에는 넘어야 할 큰 산이 또 하나 있다. 그것은 선진화(先進化)라는 이름의 산이다. '한국의 선진화'라는 산은 우리가 지금까지 넘어온 과거의 어느 산보다도 더 높고 험준(險峻)한 산이라 할 수 있다. 인간은 누구나 본능적으로 배고픔의 고통에서 탈피하기를 원하고, 일단 배가 부르면 자유를 갈망한다. 그러므로 산업화 및 민주화 과제는 인간의 기본욕망(基本慾望)에 부응하는 과제로서 그러한 과제들을 달성함에 있어서는 온 국민의 정열과 힘을 결집(結集)함에 큰 어려움이 없었다 할 수 있다. 그러나 '선진화'는 인간의 기본욕망과는 무관하다. 이제 배가 부르고 자유를 누릴 수 있는 상황에서 선진화를 향한 강렬한 국민적 정열을 모으는 것은 결코 쉽지 않은 일이다.

물론 우리는 선진화의 꿈을 포기하고 되는 대로 적당히 살아가는 길을 택할 수도 있을 것이다. 그 어느 길을 택하던 정치의 원만한 생산성은 유지되어야 한다. 그것은 생존을 위한 필수요건이기 때문이다. 우리는 생존과 번영 나아가 선진화를 위하여 국가적 경쟁력(競爭力)을 향상시켜야 한다. 그리고 국가적 경쟁력 향상은 생산적이며 효율적인 정부를 요구한다. 즉 정치 및 정부의 생산성 및 효율성이 곧 국가경쟁력향상의 전제(前提)가 되고 바로미터(barometer)가 된다. 일본과 싱가포르(Singapore)는 일찍이 의원내각제하에서 정치발전을 이룩하고 정부의 생산성과 효율성을 향상시킴으로써 아세아에서 앞서가는 나라가 됐다.

사회는 끊임없이 변전(變轉)하면서 새로운 문제를 끊임없이 발생시킨다. 정치발전을 위한 노력이 영원히 지속되어야 함은 바로 이 때문이다. 이 땅에 민주정치가 정착되었다 해도 한국의 정치발전과제는 그 내용을 달리하면서 끝없이 제기될 것이다. 어제의 주된 정치발전과제가 민주화였다면 오늘의 주된 정치발전과제는 어떻게 하면 민주주의의 틀 속에서 정부의 생산성과 효율성 그리고 책임성을 확보하는가 하는 과제이다. 그리고 이것은 대통령제체제하에서는 달성할 수 없는 과제이다. 따라서 우리는 대안(代案)을 찾아야 하는 시점에 도달한 것이다.

사실 우리에게 선택의 여지는 없다. 다만 그것을 우리가 인지(認知)하지 못하고 있을 뿐이다. 우리는 이제 견제와 균형의 체제를 지양(止揚)하고 권력융합의 체제를 수용하지 않을 수 없는 시점에 이른 것이다. 지금까지 인류에게 알려진 권력구조 중에서 의원내각제만이 민주주의의 논리와 정치의 생산성 및 효율성의 논리가 결합된 유일한 권력구조라 할 수 있다.

다음은 왜 한국의 민주정치가 앞으로 멀고 먼 항해를 시작하기 전에 '대통령제호(大統領制號)'에서 '의원내각제호'(議院內閣制號)로 갈아타야 하는가 하는 9가지의 중요한 이유를 요약한 것이다.

첫째, 권력분립 및 견제와 균형의 원칙을 주축(主軸)으로 하는 대통령제하에서는 입법부와 집행부가 독립적으로 존속하므로 정치의 교착 및 공전 문제를 근본적으로 해소할 수 있는 방법이 없다. 따라서 정부의 생산성 및 효율성 문제는 항상 대통령제를 따라다니는 심각한 문제로 남는다. 때때로 총선 결과 여대야소의 의회가 나타남으로써 정치의 교착 및 공전 문제가 일시적으로 사라질 수도 있지만 그러한 상태가 항상 유지된다는 보장은 없다. 그러나 권력융합의 원리를 주축으로 하는 의원내각제하에서는 입법부와 집행부가 항상 하나가 되어 행동하므로 정부는 원만한 생산성과 효율성을 유지할 수 있게 된다. 정부의 생산성 문제는 정부의 성패를 좌우하고 국가의 미래를 판가름하는 가장 중요한 요인 중의 하나이다. 따라서 이 문제에 대한 근본적인 해결책을 강구하지 않는 한 미래 한국 정부의 성공은 미지수(未知數)로 남을 수밖에 없으며 선진국을 향한 우리의 도약(跳躍)은 어렵게 될 것이 분명하다. 권력이 융합되는 의원내각제하에서만 민주주의의 테두리 안에서 정부의 생산성 및 효율성 문제가 근본적으로 해소될 수 있다. 이것이 지금 우리가 대통령제를 뒤로 하고 의원내각제를 채택해야 하는 가장 중요한 이유이다.

둘째, 건전한 정당책임정치가 없는 곳에 건전한 민주정치는 있을 수 없다. 대통령제는 본질적으로 정당책임정치를 배격한다. 현금 한국의 민주정치가 어딘지 모르게 절름발이 같은 어색한 인상을 주는 것은 궁극적으로 한국의 정당정치가 후진성을 면치 못하고 있기 때문이다. 이합집산(離合集散)을 밥 먹듯이 하는 한국 정당들의 현주소는 예나 지금이나 변함이 없다. 아무런 책임감 없이 달면 삼키고 쓰면 내뱉는 한국 정치인들의 작태는 국민의 존경과 신뢰를 저버리는 행위라 아니 할 수 없다. 대선 및 총선을 전후하여 모였다가 흩어지고, 흩어졌다가 다시 모이는 무책임한 한국의 정당들과 정치인들의 모습은 보기에도 민망할 정도이다. 이것은 어느 선진국에서도 찾아볼 수 없는 참으로 기이한 현상이 아닐 수 없다. 한국에서 이러한 기이한 현상이 나타나는 근본 원인은 정치인들에게 있는 것이 아니라 한국 정치의 기본 틀인 대통령제 권력구조 그 자체에 있다. 대통령제는 건전한 정당정치의 발달을 불가능하게 만든다. 우리는 이제나마 이 점을 깊이 깨닫고 꿈에서 깨어나야 한다. 그때까지는 한국의 정치는 우왕좌왕하는 책임 없는 정당들과 정치인들의 놀이터에 불과할 것이다. 정당책임정치의 확립은 한국 정치의 선진화를 위한 필요불가결한 요건이며 우리나라가 선진국으로 도약하기 위한 교두보(橋頭堡)가 될 것이다.

셋째, 의원내각제는 필요시 국가의 최고 리더를 쉽게 바꿀 수 있게 해 주는 동시에 능력이 탁월한 리더는 그의 리더십을 무기한(無期限) 발휘할 수 있게 해 줌으로써 이른바 레임덕(lame – duck) 현상을 방지해 주는 동시에 그 탁월한 리더의 장기집권을 가능하게 함으로써 국가발전을 위하여 크게 공헌할 수 있게 해 준다.(독일의 빌리 브란트 수상, 영국의 대처 수상, 싱가포르의 이관유 수상 등은 그 대표적인 예로 꼽을 수 있을 것이다.) 레임덕이란 원래 불구자(不具者)란 뜻인바, 일정한 임기를 가진 모든 기관의 임기 후반에 필연적으로 나타나는 현상으로서 조만간 떠나는 사람의 영향력과 리더십이 급격히 감소됨을 일컫는 말이다. 이러한 현상은 대통령은 물론 재선되지 않은 국회의원들에게도 나타난다.

특히 대통령의 임기 후반에 필연적으로 나타나게 되는 레임덕 현상은 국가적으로 큰 불이익을 가져올 수 있는 위험을 내포한다. 하지만 일정한 임기가 없는 수상에게는 이러한 현상이 나타날 수 없다. 또한 의원내각제하에서는 예기치 못한 수상의 유고시 의회는 지체 없이 유능한 새 수상을 내세울 수 있으며, 전쟁, 내란, 재정적 위기 등 특수한 사태가 발생한 경우에도 필요하다고 판단되면 의회는 즉시 그 상황에 부응하는 새 수상을 선택할 수 있다. 국가 최고 리더의 진퇴 문제에 관한 의원내각제의 이러한 구조적 유연성은 변화의 속도가 그 어느 때보다도 빠르고 내일을 예측할 수 없는 현대사회를 경영함에 있어서 대단히 중요한 장점이다.

반면 대통령제는 대통령의 진퇴 문제에 관하여 경직(硬直)된 양상을 보인다. 대통령제하에서 갑작스런 대통령의 유고시 유능한 새 대통령을 지체 없이 내세울 수 있느냐 하는 문제는 논란의 여지가 있는 문제이다. 또한 대통령은 일정한 임기를 가지며, 의회에 대하여 정치적 책임을 지지 않기 때문에 대통령이 실정(失政)을 거듭하고 그의 리더십이 수준미달(水準未達)임이 분명해져도 그의 임기가 끝날 때까지는 사실상 속수무책(束手無策)이다. 그리고 그로 인한 유형무형(有形無形)의 국가적 피해는 실로 헤아릴 수 없을 정도로 크고 심각할 수 있다. 그러한 대통령을 선출한 국민은 비싼 '죗값'을 치르는 셈이다. 이것은 대통령제가 지니는 불가피한 위험부담이다. 특히 전쟁, 내란 등 비상사태에 직면하여 대통령이 심한 정신적 충격을 받아 그의 직무를 제대로 수행할 수 없는 상황이 벌어질 때 국가는 참으로 난처한 입장에 처하게 될 수 있으며, 그로 인하여 쿠데타(coup d'e - tat) 같은 불행한 일도 발생할 수 있다.

현시대에 있어서 국가 최고 리더의 진퇴 문제에 관한 대통령제의 구조적 경직성은 제도상의 중대한 결함이라 아니 할 수 없다. 특히 대통령제하에서는 리더십이 충분히 검증되지 않은 후보가 대통령에 당선될 수 있다는 점을 감안할 때 이 문제의 심각성은 한층 더하다. 정부는 국가적 목적을 달성하기 위하여 만든 하나의 기구(機構) 혹은 체제(體制)(system)로서 어떤 의미에서는 기계(機械)와 유사하다. 따라서 국가라는 기계의 어떤 부분에 고장(故障)이 발생하면 지체 없이 새 부품으로 대치함으로써 정상적인 기능을 즉시 회복할 수 있어야 함은 각박하게 움직이는 현대사회를 운영함에 있어서 절대적 중요성을 지닌다. 그리고 이것은 의원내각제하에서만 가능하다.

넷째, 의원내각제 국가에 있어서는 선동적이며 감정적인 정치가 지양(止揚)되고 보다 합리적이며 냉철한 정치풍토가 조성될 수 있다. 대통령제 국가에 있어서 대통령을 뽑는 일은 화려한 정치흥행(政治興行)이 되고 국민을 흥분시키는 이벤트가 될 수 있지만, 그러한 선거에 있어서는 정책이나 공약보다도 후보들의 개인적 인기가 선거 결과를 좌우하는 경우가 종종 발생한다. 견제와 균형의 원칙을 주축으로 하는 대통령제하에서는 누가 대통령으로 혹은 의회 의원으로 당선되더라도 그들의 선거공약은 제대로 실현될 수 없다는 것이 상식화(常識化)되어 있기 때문에 선거공약과 정책의 중요성은 유권자들의 마음속에서 비하(卑下)될 수밖에 없고, 반사적으로 유권자들의 마음을 현혹하기 위한 책임질 수 없는 선거공약의 남발이 보편화(普遍化)되며, 후보들의 개인적 인기는 당락을 가늠하는 중요한 역할을 하게 된다. 일반 대중의 행동은 냉철한 이성보다 감성에 의하여 크게 좌우될 수 있기 때문이다. 제2차 세계대전을 승리로 이끄는 데 혁혁한 공을 세우고 돌아온 미국의 아이젠하워(Dwight D. Eisenhower) 장군의 개인적 인기는 정치 경륜이 전무(全無)함에도 불구하고 그를 하루아침에 미국의 대통령으로 만들었다. 분명히 대통령제 국가는 정치적 리더십이 검증되지 않은 아마추어 정치인을 국가의 최고 리더인 대통령으로 당선시킬 수 있다. 이것은 참으로 심각하고 중대한 모험이다.

그러한 모험은 의원내각제 국가에 있어서는 제도적으로 배제된다. 의원내각제 국가에서 수상의 자리에 오르기 위해서는 적어도 수십 년 동안의 정치 경륜을 쌓아야 하며(영국의 경우 최소 20년 이상), 수상의 자리에 오르기 전에 먼저 당내에서 동료 정치인들의 지지를 받아 당의 리더가 되어야 하는 것이 보통이다. 즉 정치적 리더십이 이미 검증된 당의 당수만이 수상의 자리에 오를 수 있는 기회를 갖는다. 현대사회에 있어서는 모든 전문조직체들이 당해(當該) 분야에 있어서의 전문인들에 의하여 선택받은 리더에 의하여 운영되는 것이 원칙이다. 이 원칙은 정치부문에 있어서도 적용되어야 한다. 의원내각제는 이 원칙을 수용하지만 대통령제는 거부한다. 만약 한국이 의원내각제를 채택한다면 한국에서도 정치의 전문성이 한층 더 부각되고 그 결과 정치인들에 대한 국민의 존경과 신뢰는 한층 더 향상될 것이 분명하다. 리더십이 확실하게 검증되지 않은 아마추어 정치인에게 나라를 맡기는 것은 마치 자격 없는 의사에게 몸을 맡기는 것과 흡사하다.

다섯째, 의원내각제의 채택은 정치인들의 부정과 부패를 방지하고 깨끗한 정치를 가능하게 만드는 데 크게 공헌할 것이다. 한국의 선진화는 한국 정치의 선진화 없이는 불가능하며, 한국 정치의 선진화는 정치인들의 부정부패 문제를 원천적으로 해결하기 전에는 불가능하다. 후진국일수록 정치인들의 부정과 부패는 두드러지는 경향이 있다. 광복 후 오늘에 이르기까지 한국 정치인들의 부정부패는 대단히 높은 수준이라고 할 수 있다. 대통령으로부터 국회의원 그리고 지방 정치인에 이르기까지 한국의 많은 정치인들은 부정의 의혹에서 헤어나지 못하고 있다.

정치인들을 부정과 부패로 유인하는 가장 중요한 요인은 크게 보아 두 가지로 요약된다. 그 하나는 선거 때 필요로 하는 막대한 선거자금이고, 다른 하나는 당선 후에 기대되는 부정한 금전적 보상이다. 이 두 가지 요인은 서로 강력하게 결합하여 부정부패라는 이름의 아이를 낳는 것이다. 참으로 대통령제 국가에 있어서의 선거비용은 과도(過度)하다. 미국의 하원(House of Representatives) 의원 선거에 있어서 후보들이 쓰는 평균 선거 비용은 약 5억 원으로서, 이 금액은 영국의 민의원(House of Commons) 선거에 드는 선거 비용(약 650만 원)의 70배가 넘는 금액이다.(1983년 현재)[20](참고: 예외적으로, 일본은 의원내각제 국가이지만 그 나라에 있어서의 선거 비용은 과다한 것으로 알려졌다. 일본에 있어서 선거 비용이 과다한 근본 이유는 일본의 정치가 전통적으로 정당의 정책 중심으로 행해지기보다는 파벌 중심으로 행하여졌으며 그 전통은 지금도 이어지고 있기 때문으로 사료된다. 일본은 제2차 대전 후 지금까지 여야가 한 번도 바뀌지 않고 여권 내의 몇 개의 파벌들 간에 권력을 공유하는 독특한 민주주의 국가이다.) 뿐만 아니라, 마치 천하를 걸고 결판을 내는 듯한 인상을 주는 대통령 선거는 막대한 선거자금을 필요로 함으로써 필연적으로 정경유착(政經癒着)이라는 죄를 낳고 국가 최고의 정치인들을 부정과 부패 그리고 파멸로 유인하는 가장 중요한 원인을 제공한다.

의원내각제하에서 경제적인 선거를 가능하게 해 주는 주된 이유는 의원내각제하에서는 수권정당의 정책과 공약이 실현된다는 전제가 성립하므로 유권자들의 관심은 주로 정당의 정책과 공약 그리고 예상되는 다음 수상에 쏠린다는 사실에 있다. 의원내각제 국가에 있어서 유권자들은 어느 정당이 승리하느냐에 따라서 그들의 생활이 크게 달라질 수 있음을 잘 안다. 따라서 그들은 정당과 후보들의 선거공약에 깊은 관심을 갖지 않을 수 없게 되고 그들이 선거에 임하는 자세는 그만큼 신중하며, 따라서 투표율도 자연히 높

---

20) R. W. Apple, Jr. "Campaigning in Britain; No Frills and No Glamour, Just 6,633.72." *The New York Times*, June 4. 1983.)

아진다.

선거가 정당의 정책과 공약 중심으로 행하여지면 질수록 후보 개인의 재정적 부담이 감소되는 것은 당연하다. 그리고 선거에 있어서 돈의 역할이 작으면 작을수록 부정부패의 가능성은 적어지고 정치와 정치인의 질이 향상될 가능성은 높아진다. 반대로 선거에 있어서 돈의 역할이 크면 클수록 부정부패의 가능성은 커지며 정치인들의 질은 떨어진다는 것 또한 당연하다.

의원내각제 국가에 있어서는 총선 외에 별도의 수상 선거는 없다. 따라서 선거에 드는 비용이 많이 절감되고 정경유착의 가능성도 그만큼 감소된다. 그리고 의원내각제하에서는 의회 의원들에 대한 압력단체나 이익단체들의 영향력 또한 크게 감소되며 이것은 의원들의 부정부패를 줄이고 보다 공정한 국가정책을 수립함에 크게 공헌할 것이다. 의원내각제 국가에서 의회 의원들에 대한 압력단체나 이익단체들의 영향력이 크게 감소되는 것은 의원내각제하에서는 모든 권력이 내각에 집결됨으로 의회에 대한 압력이 거의 무의미하기 때문이다. '되는 일도 없고 안 되는 일도 없는' 대통령제하에서는 정책과 공약의 중요성은 상대적으로 빛을 잃게 될 수밖에 없다. 대통령제하에서 많은 유권자들은 정책과 공약을 선택한다는 자세보다는 자기들이 '좋아'하는 후보에게 '은혜'를 베푼다는 인식을 가지고 투표에 임한다. 수많은 유권자들이 그러한 마음가짐으로 선거에 임할 때 후보들의 개인적 인기와 돈의 역할이 어떠할 것인지는 불을 보듯이 뻔하다.

만약 한국이 의원내각제를 채택함으로써 한국에서 정당책임정치가 실현되고 유권자들의 관심이 오로지 정당들의 정책과 공약에 쏠리게 된다면 정당과 후보들의 공약설정(公約設定)이 보다 신중하게 되고, 한국에서도 돈 안 드는 선거를 할 수 있게 될 것이며, 그에 따라 정치인의 부정과 부패는 현저히 감소할 것이라 믿는다. 뿐만 아니라 돈 안 드는 선거는 우수한 젊은 정치지망생(政治志望生)들을 위하여 정계 진출의 문을 지금보다 훨씬 더 넓게 열어줌으로써 미래 한국 정치인들의 현격한 질적 향상을 도모할 수 있게 해 줄 것이라 믿는다. 이 또한 나라의 먼 앞날을 위하여 지극히 중요한 일이다.

우리가 진실로 선진조국 창조를 향한 새로운 도약을 원한다면 우리는 우선 정치체제의 근본적 개혁을 통하여 깨끗한 정치가 가능하도록 만들어 놓아야 한다. 지금 우리의 발목을 잡고 있는 것은 부정한 정치인들이 아니라 부정과 부패를 부채질하는 대통령제 권력구조인 것이다. 정치인들은 그러한 제도의 희생자일 뿐이다. 원인을 놓아둔 채 부정한 정치인을 색출하여 징계하는 것은 효과 없는 미봉책에 불과하다.

여섯째, 우리 민족의 숙원(宿願)인 조국통일(祖國統一)의 날에 대비한다는 시각에서 판단할 때 의원내각제는 대통령제에 비하여 월등히 유익한 조건을 제공한다. 오랜 세월 동안의 분단 속에서 서로 다른 정치체제와 이념을 기반으로 하여 생성된 남과 북의 이질화(異質化)된 정치와 사회를 효율적으로 융합하기 위해서는 무엇보다도 남북을 통하여 사회의 각 부문과 계층을 기반으로 하여 형성되는 다양한 시민단체, 이익단체, 그리고 정당들의 출현이 절실히 요구된다. 그리고 그것은 자연스럽게 이루어질 수 있을 것이라 믿는다.

남북을 통하여 형성되는 그러한 다양한 단체들의 출현으로 남과 북의 사회가 횡적으로 연결됨으로써 아무도 소외되지 않고 남북의 정치사회적 연대가 가능하게 된다. 그러나 문제는 남과 북의 사회를 잇는 다양한 시민단체, 이익단체 및 정당들이 생긴다 하더라도 대통령제하에서는 큰 의미가 없다는 데 있다. 왜냐하면 대통령제는 정당책임정치를 거부함으로써 남과 북을 이어주는 정당들의 존재 의의(意義)는 반감되기 때문이다. 정당책임정치를 가능하게 해 주는 의원내각제하에서만 사회계층(社會階層)에 기반을 두는 정당들의 진정한 존재 의의가 살아날 수 있고 그 결과 남북을 통한 진정한 정치사회적 융화(融和)가 가능하게 된다. 의원내각제하에서는 승리하는 '당'은 있어도 승리하는 '쪽'은 없게 된다.

대통령제하에서 남북을 통한 대통령 선거를 한다고 가상한다면 두 지역 간의 대결 양상은 첨예화(尖銳化)될 것이며 대통령은 언제나 수적으로 크게 우세한 남쪽에서 배출될 가능성이 농후함으로써 북측의 열세의식(劣勢意識)이 자극될 것이 분명하다. 따라서 새로운 형태의 '지역감정'이 생성될 가능성이 크다. 그러므로 우리의 최선책은 남북을 통하여 사회계층을 기반으로 하여 형성되는 정책정당들이 주축이 되어 총선을 실시하고, 총선에서 승리한 당이 정부를 구성하여 통치하는 의원내각제를 채택하는 것이다. 현재 북한의 정치체제하에서도 국가의 최고 리더를 국민이 직접 선출하지 않고 국민의 '대표기관'이 선출하는 형식을 취하고 있다는 점에서 의원내각제와 형태상의 유사성이 없지 않다. 공산치하(共産治下)의 동독(East Germany)이 무너져 서독(West Germany)에 흡수되면서 서독의 의원내각제하에서 두 독일이 무난히 융합되었다는 사례를 우리는 타산지석(他山之石)으로 삼아야 한다. 대통령제하에서는 수적으로 열세인 북한이 정치적으로 항상 남한에게 압도당할 것이라는 예상은 통일 문제에 대한 북한 리더들의 자세를 경직시키고 북한의 통일 반대론자들의 입지를 강화시켜줄 뿐이다. 또한 의원내각제는 쌍두집행부체제임으로 수상이 결정되면 국가원수(대통령) 자리는 자동적으로 타방이 차지하는 방식으로 당분간 지역적 안배(按配)를 고려할 수 있으리라 믿는다.

일곱째, 견제와 균형의 원리에 입각하는 대통령제는 필연적으로 정치적 보수성향을 지니기 때문에 국가가 필요로 하는 변화와 개혁을 어렵게 만들거나 필요 이상으로 지연시킨다. 그러나 의원내각제는 그러한 보수편향성(保守偏向性)을 내포하고 있지 않다. 따라서 선진화를 향한 변화와 개혁의 속도에 지장을 초래하지 않을 것이다. 제2차 세계대전으로 극도로 피폐된 일본과 서유럽의 모든 나라들이 승전국이던 패전국이던 상관없이 비교적 짧은 기간 내에 전쟁의 잿더미에서 일어서서 다시 선진국으로 발돋움할 수 있었던 것은 그 나라들의 정치제도, 즉 의원내각제와 무관한 일이 아니었다고 믿어진다. 일본과 서유럽의 모든 나라들은 의원내각제하에서 회생(回生)과 발전을 위한 속력행보(速力行步)를 지속적으로 견지할 수 있었던 것이다. 만약에 그 나라들의 정부가 견제와 균형의 쇠사슬에 얽매여 있었다면 결과는 크게 다를 수 있었을 것으로 생각된다.

여덟째, 의원내각제의 쌍두집행부체제는 정치가 불안정한 나라일수록 그 유용성은 더하다. 의원내각제 국가에 있어서 국가원수의 존재는 정부의 수반과는 별도로 존속함으로써 유사시에 일시적으로 정부를 잃고 위기상황에 처한 국민으로 하여금 정신적 안정을 유지하며 미래에 대한 희망을 갖게 하고 국민적 일체성을 잃지 않게 하는 데 크게 기여할 수 있다. 제2차 세계대전이 진행되고 있는 동안 그리고 전쟁 직후에 유럽의 여러 나라들과 일본에 있어서의 군주(君主)의 존재는 이 점을 잘 보여주었다. 분단국으로서 항상 긴장을 놓을 수 없는 한국의 현실을 감안할 때 이 또한 무시할 수 없는 의원내각제 채택의 장점으로 꼽아야 한다.

그리고 마지막으로, 아홉째, 대통령제 자체가 시대착오적인 정치 제도일 뿐만 아니라 '대통령'이라는 말의 어감 또한 어딘지 모르게 시대착오적이라는 느낌을 준다. '대통령'이라는 단어는 절대왕정시대의 제왕(帝王)을 연상시키기도 하고 권위주의 국가에 있어서의 독재자를 연상시키기도 한다. 반면 '수상'이라는 낱말은 권위주의적 색깔이 없으며 평민적인 느낌을 줌으로써 민주시민의 정서와 조화를 이룬다. 이것은 현실적으로 별 의미가 없는 이야기일지 모르지만 '외형은 내용을 규제한다.'는 옛말에 작은 진실이라도 숨어 있다면, 어울리지 않게 큰 옷을 입고 군림하는 듯한 인상을 풍기는 '대통령'보다 일하는 일꾼의 인상을 주는 '수상'이 진정한 민주주의 시대정신에 더 잘 부합한다는 말이다.

인간의 이성(理性)이 비록 불완전하다 할지라도 우리는 이성에 의존하여 합리적(合理的)으로 생각하고 판단하며 행동해야 한다. 인류의 역사는 우리에게 이성을 떠난 비합리적 사고방식과 행동은 결국 발전을 저해하며 낙후된 사회를 초래한다는 사실을 보여주고 있다. 근대에 들어서면서 서양의 합리주의(Rationalism)가 세계에서 제일 앞서가는 사회를 이룩하였으며 동양을 포함한 여타 지역은 모두 뒤따라가는 입장이 된 것은 우연한 일이 아니다.

한국의 권력구조 문제는 궁극적으로 우리의 사고방식(思考方式) 문제이다. 합리적으로 판단하고 과감하게 행동에 옮길 것이냐, 아니면 오랜 세월 동안의 경직된 사고와 의구심의 타성에서 벗어나지 못함으로써 새로운 발상(發想)의 전환을 거부하며 전전긍긍할 것이냐, 이것이 문제의 중심에 있다. 우리는 한국의 민주정치가 실망스러운 모습을 더 많이 드러내고 절망의 심연(深淵)에 빠져 허덕이기 전에 새 출발을 위한 체제정비(體制整備)를 서둘러야 한다. 지금 우리가 우리의 정치제도를 이치(理致)에 합당하게 고치지 않는다면 훗날 소 잃고 외양간 고치는 우(愚)를 범하게 될 것이 분명하며 그로 인하여 큰 대가를 지불하게 될 것이다. 역사는 민주정치의 실패가 독재정치의 어머니라는 것을 보여준다.

지금 우리는 과감한 창의정신(創意精神)과 미래지향적(未來指向的) 자세로 권력융합의 원리를 전면 수용함으로써 한국 정치의 새 장(章)을 열어야 한다. 그렇게 함으로써만 한국은 활력 있는 미래를 기약하고 선진화의 기틀을 마련할 수 있을 것이다. 지금까지 미국을 제외한 모든 대통령제 국가가 선진화의 문턱을 넘지 못하고 있다는 사실을 우리는 명심해야 한다. 한국의 미래를 결정짓는 모든 중요한 요인 중에서 정치적 요인만큼 큰 영향을 미치는 것은 없다. 성공적인 정치를 보장해 주는 정치제도는 존재하지 않는다. 그러나 구조적으로 불합리한 정치제도는 정치의 실패를 거의 확실하게 해 준다.

참고문헌

Albinski, H. S. & Lawrence K. Pettit. ed. *European Political Processes*, 1968.

Almond, G. A. & G. B. Powell, Jr. *Comparative Politics*, 1978.

Alexander, Andrew. & Alan Watkins. *The Making of the Prime Minister*, 1970.

Bagehot. Walter. *The English Constitution*, 1955.

Bailyn, Bernard. *The Ideological Origins of American Revolution*, 1967.

Baldwin, Leland D. *Reforming the Constitution: An Imperative for Modern America*, 1972.

Beer, Samuel H. *The British Political System*, 1974.

Beer, Samuel H. *British Politics in a Collectivist Age*, 1966.

Beer, Samuel. "Group Representatives in Britain and the United States", *The Annals*, Sept. 1958.

Beer, Smauel H. Ulam. *Patterns of Government: Major Political Systems of Europe*, 1973.

Bill. James A. & Robert L. Hardgrave, Jr. *Comparative Politics*, 1973.

Bishop, Hillman. & Samuel Hendel, ed. *Basic Issues of American Democracy*, 1970.

Black, C. E. *The Dynamics of Modernization*, 1966.

Blondel. Jean. *Comparative Government*. a reader, ed. 1985.

Blumberg, Paul. *Inequality in an Age of Decline*, 1980.

Brigman. William E. & J. S. Vanderoef. ed. *The Fiber of Democracy*, 1970.

Brogan. D. W. & Douglas V. Verney. *Political Patterns in Today's World*, 1969.

Burns, James M. *The Deadlock of Democracy*, 1963.

Burns, James M. *The Power To Lead: the Crisis of American Presidency*, 1984.

Burns, James M. & Others. *Government By the People*, 1985.

Butler, David & Donald Stokes. *Political Change in Britain*, 1969.

Carmen, Ira H. *Power and Balance*. 1978.

Choper, Jesse H. *Judicial Review and the National Political Process*, 1980.

Corwin, Edward S. *The Constitution and What It Means Today*, 1978.

Crick, Bernard. *The Reform of Parliament*, 1968.

Crossman. R. H. S. *The Myth of Cabinet Government*. 1972.

Crotty, William J. & Others. ed. *Political Parties and Political Behavior*, 1971.

Curtis. Michael. *Comparative Government and Politics*, 1978.

Cutler, Lloyd. "To Form A Government", *Foreign Affairs*, Fall, 1980.

Dahl, Robert A. *Democracy in the United State; Promise and performance*, 1972.

Dodd, Lawrence C. *Coalitions in Parliamentary Government*, 1976.

Drucker, Peter F. essays. *Men, Ideas & Politics*, 1971.

Drucker, Peter F. *The Age of Discontinuity*, 1969.

Ellsworth. J. W. & A. A. Stahnke. *Politics and Political Systems*, 1976.

Ebenstein, William. *Great Political Thinkers*, 1969.

Ebenstein, W. & Others. *American Democracy in World Perspective*, 1973.

Ehrmann, Henry W. *Politics in France*, 1971.

Ehrmann, Henry W. *Interest Groups On Four Continents*, 1959.

Ellsworth, J. W. & A. A. Stahnke. *Politics and Political Systems*, 1976.

Fairchild. Roy. ed. *The Federalist Papers*. 1981.

Finer, S. E. *Comparative Government*. 1970.

Friedrich, Carl J. *Constitutional Government and Democracy: Theory and Practice in Europe and America*. 1950.

Friedrich, Carl J. *Man and His Government*, 1963.

Graham, Gearge G. Jr. & S. G. Graham. eds. *Founding Principles of American Government: Two Hundred Years of Democracy on Trial*, 1978.

Hagopian. Regimes, *Movements and Ideologies*, 1978.

Hamilton, Alexander, John Jay and James Madison. *The Federalists*, 1787
    − 1788.

Hardwin, Charles H. *Presidential Power and Accountability: Toward a New
    Constitution*, 1974.

Hazlitt, Henry. *A New Constitution Now*, 1974.

Harrington, Michael. *The Other America*, 1963.

Hitchner, D. G. & Carol Levine. *Comparative Government and Politics*, 1981.

Hodgson, Godfrey. *All Things To All Men: The False Promise of the Modern
    American Presidency*, 1980.

Hoffmann, Stanley. *In Search of France*, 1965.

Hook. Sidney. *Political Power and Personal Freedom*, 1959.

Janowitz, Morris. *The Last Half−Century: Societal Change and Politics in
    America*, 1978.

Jennings, Sir Ivor. *Cabinet Government*, 1959.

Kennedy. Paul. *Preparing for the Twenty First Century*, 1993.

Krauthammer, Charles. "Why Americans Hate Politicians" *Time*, 1991.
    12. 9.

Lipset, Seymour. *Political Man*, 1963.

Loewenstein, Karl. *Political Power and Governmental Process*, 2nd. ed. 1965.

Organski, A. F. K. *The Stages of Political Development*, 1965.

Mac Rae, Duncan Jr. *Parliament, Parties and Society in France*, 1946−
    1958, 1967.

Macridis, Roys. & B. E. Brown, ed. *Comparative Politics*, 1977.

Mackintosh, John P. *The British Cabinet*, 1968.

Merkl, Peter H. *Political Continuity and Change*, 1972.

Mc Kenzie, R. T. *British Political Parties*, 1964.

Miller, A. S. "Separation of Powers: An Ancient Doctrine under Modern
    Challenge", *Administrative Law and Review*, Summer, 1976.

Murray, Charles. *Losing Ground*, 1985.

Neustadt, Richard. *Presidential Power and the Modern Presidents,* 1990.

Page, Benjamin. *Who Gets What From Government*, 1983.

Powell, G. Bingham. Jr. *Contemporary Democracies*, 1982.

Prichett, Herman. *The American Constitution*, 1959.

Robinson, Donald L. *Reforming American Government*, 1985.

Rose, Richard. ed. *Studies in British Politics*, 1969.

Rossiter, Clinton. *Constitutional Government*, 1963.

Roth. D. F. & Frank L. Wilson. *The Comparative Study of Politics*, 1976.

Roth, David F. & F. L. Wilson. *The Comparative Study of Politics*, 1976.

Sandqwist, James. *Constitutional Reform and Effective Government*, 1986.

Smith, J. Allen & Charles A. Beard. *The Spirit of American Government*, 1911.

Spiro, Herbert. *Government By Constitution: Political Systems of Democracy*, 1959.

Stankiewicz. W. J. ed. *Political Thought Since World War ll*, 1964.

Toffler, Alvin and Heidi. *Creating A New Civilization; The Politics of the Third Wave*, 1995.

Williams, Philip P. *Crisis and Compromise in the Fourth Republic*, 1966.

Wilson, Woodrow. *Congressional Government*, 1885.

Wood, Gordon. *The Creation of the American Republic 1776－1789*, 1967.

金東勳 譯, 片岡寬光 著, 『大統領制와 議員內閣制』, 1987.

金哲洙, 『憲法學 槪論』, 1990.

金憲, 『議院內閣制』, 1994.

丘秉朔, 『憲法學』, 1983.

權寧星, 『比較 憲法學』, 1982.

徐柱實,「英國政府形態의 變遷에 관한 考察」, 부산대학교, 『法學研究』, 제19권,

韓國公法學會 編著, 『美國憲法과 韓國憲法』, 1989.

朴一慶, 『新憲法』, 1990.

尹世昌, 『新憲法』, 1980.

安溶敎, 『韓國憲法』, 1989.

韓泰淵, 『憲法과 政治體制』, 1987.

나필열 ——————————————————

延世大學校 政治外交學科 卒業
美國 Southern Illinois University, 政治學 碩士 및 博士
    New York University, Graduate School, Doctoral Program 修了
    Longwood College(Virginia) 政治學 敎授
    University of Maryland, Asian Division, Lecturer

政黨生活 및 現實政治參與
政黨의 政策開發室長, 總裁特別補佐役, 地區黨委員長 歷任

의원내각제 채택의 필요성

초판인쇄 | 2009년 4월 30일
초판발행 | 2009년 4월 30일

지은이 | 나필열
펴낸이 | 채종준
펴낸곳 | 한국학술정보㈜
주 소 | 경기도 파주시 교하읍 문발리 513-5 파주출판문화정보산업단지
전 화 | 031) 908-3181(대표)
팩 스 | 031) 908-3189
홈페이지 | http://www.kstudy.com
E-mail | 출판사업부 publish@kstudy.com

등 록 | 제일산-115호(2000. 6. 19)
가 격 |
        19,000원
ISBN 9.   Paper Book)
       978-89-534-2398-5 98340 (e-Book)